天才の臨床心理学研究

発達障害の青年と創造性を伸ばすための大学教育

名古屋大学創造性研究会 編
（代表：松本真理子）

tomi shobo
遠見書房

プロローグ
――天才たちを育てるということ

本書の編著者である名古屋大学創造性研究会のメンバーは臨床心理学を専門としており、実践の場では臨床心理士（公認心理師）として、人生に悩んだり、生きづらかったりする子どもから成人を支えることを生業としています。そんなわれわれが、臨床の場でしばしば出会うのは、いわゆる発達障害圏とされる人々です。増加の一途をたどっています。

一方、巷では創造性とかウェルビーイングという用語が発達障害と同様に流行し、研究も急増中です。「発達障害」「創造性」「ウェルビーイング」このキーワードに関心を持った仲間が集まって研究会を開始しました。われわれの商売道具である心理検査を通してこれらのキーワードを眺めるとこの3つを繋ぐ興味深い景色が見えてきました。本書を通して、３つのキーワードのいずれかに関心のある皆様に現状の成果を紹介したいという思いを出発点として本書は誕生しています。

創造的理系研究者3氏の紹介

さて最初に、これから本書にしばしば登場していただく3名の理系研究者を簡単に紹介しておきたいと思います。

解氏は、50代、半導体に関する研究に従事する研究者であり、当該分野では「天才」と評され、これまでに数々の業績をあげています。世界中に普及した大きなヒットは、企業の研究所時代で30代前半のもの、その後も大きく世界の研究を牽引し続けている存在です。解氏は中肉中背、物静かで礼儀正しく穏やかな雰囲気を漂わせています。会議や講義など予定のある日のみ研究室に出かけ、予定の入っていない日は「家で寝て研究を考えている生活」です。「寝ていると直感が働きひらめく」という解氏であり「私の研究は直観です、紙と鉛筆のみでできます」「寝ることが研究には重要」と明言しています。解氏の趣味は「アイドル」です。大学時代に大人気だったアイドルに目覚めて以来、アイドルの存在は、解氏いわく「なくてはならぬ人生の一部です」。お気に入りのアイドルの写真、CDや握手会など対象となるアイドルの情報を徹底的にくまなく収集しポスターを部屋一杯に飾る生活は、三十年以上たった現在も続いています。

「ある特定のものやこと」にいったん関心が向くと（人にどう思われようと）その世界に強く没頭して生きてきた解氏の足跡は幼少の頃から始まっています。解氏の幼稚園時代はアリの観察一筋でした。解氏は「友だちよりもアリの方が大切でした」と語っています。

次は創氏です。創氏は同じく半導体分野の研究者で40代。数々の業績を挙げ、当該分野では国内外に名前が知られ、複数のベンチャー企業を立ち上げています。最初の研究上のヒットは20代、大学院時代でした。創氏は中肉中背、いつもラフな格好、一カ所にじっとしていることが何よりも苦手で、じっとしているのは実験する、論文を書くときだけ。そんな創氏は午前7時過ぎには研究室に到着、エンジン全開で研究の打ち合わせ、会議、院生指導など次々とこなしてゆきます。目まぐるしい一日に自分の時間ができるのは、すでに暗闇迫る時間帯、そこから、資料の作成、実験チェックなどに取り掛かり、帰宅するのは、日付も変わるころ。創氏は「研究することはめちゃくちゃ楽しい」と言います。創氏の趣味は小気味よく走るスポーツカーで高速を飛ばし、人里離れた名もない山奥で昼寝することです。「遠くの知らない場所へ一人で行くこと」は小学生の頃からの趣味です。当時は、自転車に乗って一人でどこまでも知らない場所へただひたすら走り続け、それがこの上なく楽しかったそうです。

3人目は折氏です。折氏は30代、半導体分野の若手研究者です。多くの業績を有し、受賞歴も複数回、若手のホープなのですが、秘かに対人関係の悩みを抱えています。講義も会議も普通にこなしているように見えるのですが、実は「苦労している」と言います。「もう少し話し上手になりたい」「人に話しかけられるようになりたい」というのが小学生の頃からの折氏の悩みでもありました。

小さい頃の趣味は電気工作、夢は「一人で電気の研究をすること」だったそうです。中学時代からは趣味にゲームが加わりました。日常生活は、大学院時代以来、正月三が日以外は、研究室に朝から晩まで、時には泊まり込みでほぼ「住んでいる」状態だそうです。息抜きはもちろんゲームです。人づきあいに苦労しつつも研究のためと割り切ってこなし、研究室で一人ゲームに興じるのが楽しみの折氏です。

この3氏はⅢ部で紹介するわれわれの研究で分類された創造性4類型のうち、解氏は「解明型」、創氏は「創出型」、折氏は「途上型」をそれぞれ代表する事例です。本書では今後しばしば登場していただきますのでお見知りおきください。

なお本書に登場する事例は、いずれもわれわれの調査データを複数組み合わせた架空の事例であることと、データ掲載の同意を得ていることをお断りしておきます。

発達障害児の誕生

「発達障害」という用語がわが国でも広く周知されるようになったきっかけの一つに二〇〇七年の「特別支援教育制度」の発足があります。すなわち、それまでは「特殊学級」と呼ばれ、主に知的障害児童生徒の教育が中心であった制度が「発達障害」と呼ばれる児童生徒を含む「特別支援教育」という名称に変わり、国の支援教育が方向転換をしました。このことが世の中に発達障害という用語を広めるきっかけになっています。診断名や診断基準の変遷を経て（第1章で詳しく説明します）、現在ではＡＳＤ（自閉スペクトラム症＝Autism Spectrum Disorder）とＡＤＨＤ（注意欠如・多動症＝Attention Deficit Hyperactivity Disorder）を中心として「発達障害」という名称で呼ばれています。つまり、「発達障害」とされる子どもは二十一世紀に入って〈誕生〉したと言えます。

さて冒頭に登場していただいた解氏の特徴である「幼児期からの興味関心への強いこだわりと集中」「対人関係への関心の乏しさ」などは「発達障害」の特徴を彷彿とさせるものです。彼の子ども時代には「発達障害児」はまだ存在していませんでした。解氏は極めて個性的な特徴ゆえに幼稚園、小中学校では先生からは叱責の日々だったそうです。何度も「特殊学級」を勧められたそうです。では、もしも、解氏が「特別支援教育（当時は特殊教育）」を受けていたら……「アリ」の観察を続けられたでしょうか？　解氏は、特別支援教育のお陰で「集団生活のできる子ども」として成長していたかもしれません。一方で、当時の彼にとって「人間よりも大切な興味」であった「アリ」の観察は困難になり、あきらめざるを得なかったかもしれません。その場合、解氏の際立つ個性はどうなっていたでしょうか。またこの個性の背景には何があるのでしょうか。本書では、そのことについて心理検査の結果を通して考えたいと思います。

発達障害圏学生は少しも珍しくない

文部科学省の調査（2022）によると通常の学級に在籍する特別な教育的支援を必要とする児童生徒に関する調査の結果、「知的発達に遅れはないものの学習面又は行動面で著しい困難を示す」とされた児童生徒、すなわち学習障害・ASD／ADHDの割合（学習・行動面での支援を必要とする）は、小中学生は8・8％、高校生は2・2％とのことです。

一方、われわれの関係する大学で、ASD傾向学生の支援ニーズを把握するためにスクリーニング調査を実施したところ、小中学生の数値を大幅に超える割合でASD傾向の可能性のある学生が在籍していることが判明しました。予想をはるかに超える驚くべき数値でした。研究室での対人関係につまずき、指導教員とうまくいかず、単位取得でもつまずいた結果、不登校になりひきこもる学生の中には、こうした学生がいることは事実です。

こうした学生の中には、留年を繰り返し、自信を喪失し、将来が見えてこないまま……という人生に陥らざるをえない場合もあります。一方で、そこから立ち直り、優れた才能を発揮し、その後生き生きと活躍を始める学生もいます。彼らの多くは、何らかの才能や磨けば輝く個性を持っているのです。われわれは、こうした学生とかかわる中で、そのことを確信しました。

発達障害圏教員も少しも珍しくない

われわれは心の専門家として、教員を対象として「発達障害学生とのかかわり方」といったレクチャーを行うことがあります。ある日のことです、某理系学部からレクチャーの依頼を受けて足を運んだ先の会議室での光景です。入室時から手にしたノートパソコンの画面を見続け、レクチャーの間もまったく目をそらさず画面だけを見ている教員、すれ違っても挨拶せず視線の合わない教員、唐突に場違いな質問をする教員……全体に集団場面というよりも独特の雰囲気が醸し出される光景でした。

そのような独特な光景を目の当たりにして、ある種の衝撃と同時に、素朴な疑問が脳裏をよぎったのです。一見して「普通と異なる雰囲気」の彼らはしかし、素晴らしい業績を有し、社会に貢献している研究者集団……。なぜ？つまずいている発達障害圏学生と何が違うのか？

われわれは、素朴な疑問をきっかけとして研究を開始しました。共通する特性を抱えながら、その特性を創造する力として発揮し、成功している研究者を対象として、心理検査と面接による彼ら自身の語りを分析し、創造的業績の背景にある認知・パーソナリティ特徴や対人関係、そしてウェルビーイング（幸福感）に接近しました。

天才は過去も現代も発達障害だった？

偉大な発見、発明を行った天才たち、エジソン、ソクラテス、コロンブス、ガリレイ、ニュートン、アインシュタイン、ファラデー……は、発達障害圏あるいは「普通ではなかった」と言われています。現代では、ビル・ゲイツやスティーブ・ジョブスも発達障害圏であることが指摘されています。彼らが幸福であったか否かは不明ですが、時代や文化に大きく貢献した人物であることは万人の認めるところです。彼らはなぜ社会に大きな変革をもたらすような貢献をなし得たのでしょうか。

最近では、「大人の発達障害」が社会的にも注目され、こうした疑問に対する関心も強くなっています。そして「育て方や環境によっては、発達障害は社会に貢献する才能の源である」という考え方も徐々に拡まりつつあります。

本書のねらい

冒頭の解氏は「発達障害」でしょうか？「普通ではない生活で不幸」でしょうか？われわれは、研究の途上で、発達障害圏＝不適応、その結果、幸福ではない人生という大方の筋書きを書き換えたいと強く思うに至りました。すなわち発達障害圏こそ創造的能力を秘めた逸材の可能性があること、そして大学教育で大切なことは発達障害圏とされる彼らのその可能性を潰さず育てること、そのためには大学教員の視点の転換が必要ではないか、ということに気づいたのです。

本書は、もしかしたら発達障害圏かもしれない彼らの秘めた創造性を育てるヒントについて、大学関係者、そして自身が発達障害圏かもしれない、と秘かに悩んでいる本人たちにぜひお伝えしたいと思い企画したものです。

本書で伝えたいことは、以下です。

（1）発達障害圏学生こそ個性的なパーソナリティと創造性を秘めた存在ではないだろうか。
（2）発達障害圏学生の創造性や個性的な能力を活かす大学教育は社会への貢献につながり、そして何よりも彼らの人生のウェルビーイングにつながる。
（3）そのためには、彼らの特性を理解し、教育のコツを知っておくことが重要である。

ちなみに、われわれは臨床心理学を専門としており、発達障害は「個性」と捉えることのできるパーソナリティ特性でもあり、本人の困り感や必要に応じて周囲が支援するもの、という考え方が基本にあります。したがって、本来なら本書では「障害」という用語は使用すべきではないと考えています。また本書に登場する研究者とⅢ部で紹介する研究協力者皆様は、医学的に「発達障害」と診断されているわけではないこともお断りしておきます。

読者皆様が本書を読まれた後に、改めて「発達障害とは何か」「彼らのウェルビーイング（幸福感）な人生とは」について考えていただきたいという思いから、あえて「発達障害」という用語を使用することにしました。ご承知おきください。

本書を通して、読者皆様が「発達障害圏学生」の潜在する力と彼らを育てる大学教育について考える機会になれば、筆者一同望外の喜びです。

編　者

目　次

第Ⅰ部　発達障害を知る

発達障害，自閉症，アスペ，ADHD，学習障害，注意欠如・多動症……おそらくいずれかあるいは複数の用語を見聞きした経験は多くの方に共通していると思います。ここでは，発達障害とは何かということについて，その歴史をたどって眺めてみます。また発達障害圏と思われる子どもや青年の学校生活での生きづらさについても考えてみたいと思います。

なお，発達障害についての知識は必要ないという方は第II部から読んでいただいてもかまいません。

第1章　発達障害と個性（は違う？）

本章では、社会にすっかりその存在が浸透したのではないかと思われる「発達障害」について概説します。まずは2名の大学生に登場してもらいましょう。彼らはそれぞれに、大学生活を送る上で何かしら苦労があります。一方、病院を受診したことはないので「発達障害」という診断名がついているわけではありません。なお、本章に登場する人物はいずれも架空の事例です。

「乗り鉄」大学3年生A君

細身で黒縁眼鏡をかけて、物静かで真面目な大学生といった雰囲気のA君。大学3年生の進級時には希望する研究室に配属され、張り切っていました。将来は科学者になることが夢です。ゼミで研究のプレゼンをするという初体験時に、相当緊張していましたが、自分としては上出来のつもりでした。しかし、教授からは予想外の厳しいコメントがきて、おまけに初歩的なミスで叱責されるという不運がありました。プレゼン前には先輩のチェックを受けるという研究室ルールをA君だけが知らなかったことが原因でした。同期の仲間はA君含めて4名、初めての小さな集団の体験です。4月の進級時には「そのうち飲みに行こう！」という話で盛り上がったのですが、A君は「そのうち」という言葉が昔から苦手です（「そのうちって、いつのことだろう？」）。先生から叱責されるという体験も、優等生のA君には初めての体験でした。高校時代までは人づきあいはできるだけ避けてきたA君です。ゼミという小集団の生活やゼミ発表は苦痛以外の何物でもありません。次第に、研究室で声をかけられることが怖くなり、同期の仲間からは孤立し、A君の自信は低下するばかりです。次第に授業も休みがちになり、抑うつ的になっていたA君ですが、その様子を心配した父親が学生相談のカウンセラーのところへ相談に行きました。

ところで、A君の趣味は鉄道です。自宅の前に線路のある家で育ったA君は、小さい頃から電車を見るのが大好きで、3歳の頃には、お気に入りの型の電車が通過する時間を覚えていたそうです。電車の時刻表や路線図を見るのも大好きで、小学生になってからは、お小遣いをもって自分でお気に入りの電車に乗りに行ったという「乗り鉄」です。中学校からは「乗り鉄」に「撮り鉄」が加わって、お小遣いのすべては鉄道につぎ込む生活でした。大学生の今も、A君にとって何よりも大事なのはもちろん鉄道の世界、一人でこの世界に没頭できる時間が生きがいとなっています。

学園祭実行委員にはまる大学2年生B君

B君は、学部2年生、服装はごく普通の大学生の服装です。これまでの大学生活は、むしろ苦難の連続だった、と言った方がよいかもしれません。大学に入学して、まず戸惑ったのは、自分で授業を選択して必要単位を取得するというシステムです。高校までは、決められた時間割にそって、毎日、教室の自分の席に座っていれば自動的に科目と先生の方が変わっていくという（今から思えば）便利なシステムでした。大学はそうではありません。シラバスを眺めて自分で時間割を作らねばなりません。必修科目は忘れず登録する必要があります。シラバスを読むと、どれも面白そうで目移りするB君、読んでいるうちに、大事な登録条件などをうっかり忘れ、登録締め切り後に早速事務から呼び出しがかかりました。こうした入学最初の苦難は、事務から紹介されたピアサポートの先輩に助けられてかろうじてクリア。そのときに先輩から学園祭の実行委員は面白い、と聞いたB君は早速実行委員に名乗りをあげます。小学生の頃から新しい企画を考えるのが得意なB君は、アイデアマンとして日夜学園祭にのめり込み。気が付くと、レポートの提出期限を忘れていた、必修の授業出席を忘れていた……。子ども時代から忘れ物やうっかりが多かったB君ですが、成績優秀だったので担任からも大目に見られてきました。実は小学校から高校時代までは時間割から宿題の提出まで母親に依存して乗り切ってきたB君です。大学に入学し、下宿生活になって、身近で助けてくれる人もいません。実行委員の仲間がそんなB君の様子を心配して、学生相談のカウンセラーにつないでくれました。カウンセラーと出会ったお陰で、カウンセラーと伴走で予定表を作り、レポート期限も一緒に確認し、そして、対人関係やゼミでの悩みなども定期的なカウンセリングで相談しながら大学生活を乗り切っているB君です。

さて、こうしたA君、B君のような大学生は今や決して珍しい大学生の姿ではありません。ピアサポートとか学生相談のカウンセラーとかに伴走してもらったりしながら、大学生活を無事終える大学生は、少数派ではないかもしれません。筆者らは、大学生活で躓いたり、悩んだりしている彼らと学生相談やクリニックなどで出会い、かかわっています。医療機関で出会う場合には、時に、主治医がこうした彼らに対して日常生活の困難度に応じて「発達障害」、「自閉スペクトラム症（ＡＳＤ）」や「注意欠如多動症（ＡＤＨＤ）」などの診断名をつけることがあります。

ＡＳＤ

発達障害概念のはじまり

発達障害、アスペ（アスペルガー障害）、ＡＳＤ、ＡＤＨＤなどの用語は今やすっかり社会に浸透しており、若者の間では「あいつ、アスペだからな」でたいていの場合通じてしまいます。この「発達障害」という名称はいつ頃から社会に登場してきたのでしょうか。「子どもの自閉症」を「発見」したのは、一九四三年にさかのぼり、米国でレオ・カナー（Kanner, L.）という精神科医が「早期幼児自閉症」という用語を用いたのが最初と言われています。翌年の一九四四年にはオーストリアのハンス・アスペルガー（Asperger, H.）という精神科医が「子どもの自閉性精神病質」についての論文を発表しましたが、当時は現在のように注目されることもなかったようです。ところが、一九八一年になって、ローナ・ウイング（Wing, L.）というイギリスの精神科医が、「アスペルガー症候群」という名称でハンス・アスペルガーの研究を再び世に出したことがきっかけとなり、「自閉症」研究が世界中で注目されるようになり発展してきました。ちなみに、ローナ・ウィングはお子さんが自閉症だったことがきっかけで研究を始めたというママさん精神科医です。彼女は、アスペルガー症候群を含む「自閉症スペクトラム」の特性を次の３つにまとめ、「ウィングの３つ組」と呼ばれています。すなわち、①社会性の障害（対人的相互交流の障害）、②コミュニケーションの障害、③こだわりの強さです。

その後、臨床像に対する医学的関心、生物学的研究の進歩やＷＨＯ（世界保健機構）による国際疾病分類表であるＩＣＤ(International Statistical Classification of Diseases and Related Health Problems)、アメ

リカ精神医学会による診断マニュアルDSM（Diagnostic and Statistical Manual of Mental Disorders）などの診断基準に基づく研究の進歩などによって、ICD-10（1990）になって〝広汎性発達障害群（Pervasive Developmental Disorders; PDDs）〟という名称が、DSM-Ⅲ-R（1987）では自閉性障害という名称が登場しました。

アスペルガー障害

さらにDSM-Ⅳ-TR（2000、日本語版、2004）になると「アスペルガー障害」が自閉性障害や特定不能の広汎性発達障害とともに新たに診断名としてあげられるようになりました。

広汎性発達障害（Pervasive Developmental Disorder）の主な特徴としては、①コミュニケーションおよび対人関係における障害、②他人との適切なコミュニケーションを取ることが苦手、対人関係を築くことが難しい、③特定の対象への強い没頭・反復的な行動や同一性へのこだわり、④視覚・聴覚・嗅覚・味覚・皮膚感覚などに過敏さや鈍感さがあり、柔軟に対応することの困難などがあります。こうした特徴があり、知的発達や言語発達の著しい遅れがない場合にアスペルガー障害と診断され、これがいわゆる現代の「アスペ」の源とも言えます。

アスペルガー障害から自閉スペクトラム症へ

一方、時代とともに診断基準や診断名は変遷しています。DSM-5（2013）になると、広汎性発達障害から自閉スペクトラム症（Autism Spectrum Disorder; ASD）へと診断名が変更になりました。診断基準の特徴としては、次の2つです。すなわち、①多くの場面での社会的コミュニケーションや社会的関係における持続的な欠陥、②行動、興味や活動の限定され、繰り返される様式、です。そして、ＤＳＭ‐Ⅳの自閉性障害、アスペルガー障害、特定不能の広汎性発達障害（PDD NOS）は「ＡＳＤと診断されるべきである」とされ、アスペルガーを含めＡＳＤというスペクトラム、つまり「障害と正常の境界はあいまいで連続している」という考え方が基本になりました。

診断基準は前述した大きく2点ですが、彼らの特徴を具体的に上げると以下のようになります。すなわち、対人関係に関しては、「相手の気持ちや意図を想像するのが苦手」「その場の雰囲気に沿った発言や、空気を読むことが難しい」「曖昧な説明や指示を理解することが苦手」「非言語コミュニケーション（視線、身振り・表情など）の理解が難しい」「相手の発言をそのまま受け取ってしまう（冗談なのか区別しにくい）」「人の話に共感しにくいことが多い」「他人への興味が薄く、一人で過ごすのが好き」などです。また興味関心の限局に関しては、「決められた手順やルールにこだわり、急な変更や予定外があるとパニックになってしまう」「臨機応変な対応が苦手」「特定の対象への強い没頭」「同じような動作を繰り返す」「興味のないものは関心を持ちにくい」などが挙げられています。

ＤＳＭ‐５における日本語の診断名の翻訳に際しては、日本精神神経学会が中心となって、原著の英語診断名である「Disorder」を「症」と訳すことにしました（日本精神神経学会、2014）。その背景には主に①患者中心の医療が行われる中で、病名・用語はよりわかりやすいもの、②差別意識や不快感を生まない名称であること、③国民の病気への認知度を高めやすいものであること、④直訳が相応しくない場合には意訳を考え、アルファベット病名はなるべく使わないこと、などの理由があります。すなわち、「診断名」という枠からすると、現在では、「アスペルガー障害」という用語は消失し、自閉症に関する「障害」という名称も消失（ただし併記あり）し「○○症」と変遷しているということです。

一方、わが国では法律の上で、具体的には平成17（2005）年に施行された発達障害者支援法において、「発達障害」は「自閉症、アスペルガー症候群その他の広汎性発達障害、学習障害、注意欠陥多動性障害その他これに類する脳機能障害であってその症状が通常低年齢において発現するもの」と定義され、社会的には「発達障害」という用語が広く浸透していると言えます。

ＡＤＨＤ

ＡＳＤと並んで、社会に広く浸透している用語にＡＤＨＤがあります。これは、Attention-Deficit/Hyperactivity Disorder の略語で、ＤＳＭ‐５では注意欠如・多動症（注意欠如・多動性障害）と呼ばれます。以下のような特徴が、12歳以前にいくつか出現しており、日常生活や学校などでの生活が困難とされると医療機関ではＡＤＨＤと診断されることがあります。

①不注意症状

・学業、仕事、またはその他の活動において、しばしば綿密に注意することができない、または不注意な間違いをする。
・課題または遊びの活動で注意を集中し続けることがしばしば困難・直接話しかけられたときにしばしば聞いていないように見える。

・課題や活動を順序立てることがしばしば困難など・課題や活動に必要なもの（例＝おもちゃ、学校の宿題、鉛筆、本、または道具）をしばしばなくしたり忘れてしまう。　など

②多動‐衝動性症状

・しばしば手足をそわそわと動かし、またはいすの上でもじもじする。
・しばしば教室や、座っていることを要求される状況で席を離れる。
・しばしば〝じっとしていなかったり、しゃべりすぎる〟。
・しばしば質問が終わる前に出し抜けに答え始めてしまう。
・しばしば人の話をさえぎったり、割り込んだりする。　など

ＡＳＤとＡＤＨＤの重複

さてここまで読んで、「自分はＡＳＤにもＡＤＨＤにも当てはまるけど……」と思われる方がいるのではないでしょうか。友だちにも「おはようございます」「今日はいい天気ですね」と敬語を使い、こだわりは「きのこ」の世界、友だちからは「キノコ博士」と揶揄されるほどキノコの話を始めると止まらない。一方、授業中はぼーっとしていることも多く、先生に叱責されたり、忘れ物も多いという特性もある小学生は決して珍しくありません。このような子どもの特性は、ＡＳＤとＡＤＨＤ両方の特性を持っていると考えられます。

ＡＳＤ、ＡＤＨＤなどの発達障害は、図１‐１に示したように、重複して複数の特性を持っていることもしばしばあるとされています。

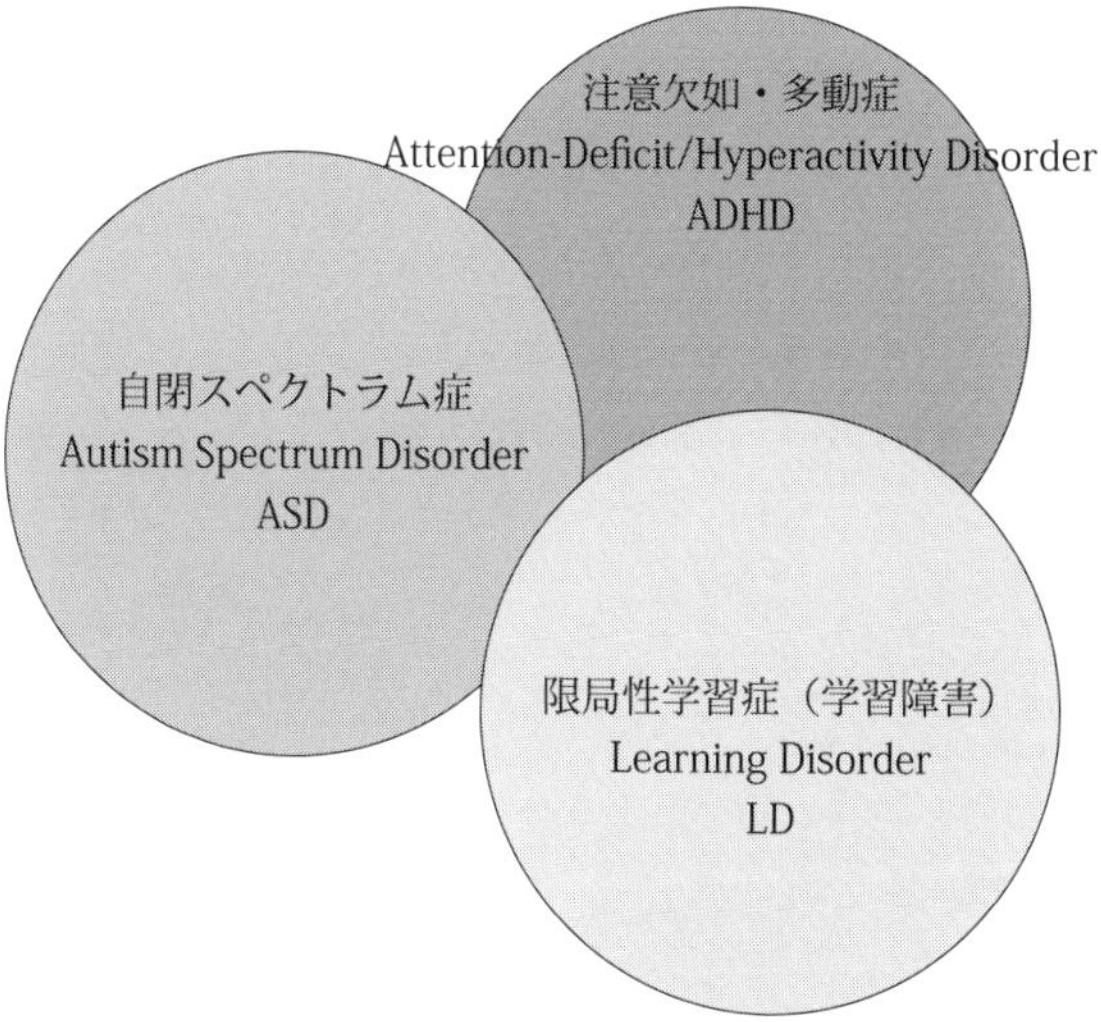

※その他これに類する障害の総称として「発達障害」がある。

図 1-1　発達障害特性の重複

発達障害と対人関係

発達障害、特にASDの特性として前述したようにコミュニケーションや集団の場が苦手というものがあります。例としては次のような特徴があげられます。

①相手の意図を汲んで返答する、対応することが苦手。
②「どう思いますか」などいわゆるオープンクエスチョンが苦手（イエスかノーか、白黒どちらか、と聞かれた方が楽）。
③「少し待って」「いずれ〜」というような曖昧な表現が苦手（「少しとは何分ですか？」と先生に聞く子ども）。
④電話対応が苦手。
⑤相手が教授であるとか先輩であるなどの上下関係にかまわず、相手の間違いを集団の前で平気で指摘する、などいわゆる場が読めない。　など

この中の①、⑤など相手との関係については、いわゆる「心の理論（Theory of Mind）」から説明されることが一般的です。「心の理論」とは、一言で言えば他人の考えを推測したり、意図や感情を理解する能力のことです。他者の意図は自分の意図とは異なることや、共感性（他者の気持ち、感情、意図を他者の視点から理解すること）、その場を想像して他者の立場で理解すること、そうした対人関係においては大切な視点の発達の遅れなどを抱えた結果、他者とのかかわりが苦手になる、と言われています。心の理論を説明する際にしばしば引用される例として、有名な「サリーとアン課題」があります。

①サリーとアンがお部屋にいます。
②サリーは大好きなボールをカゴの中に入れました。
③サリーはお部屋から出て行きました。
④アンはカゴの中のボールを箱の中に移しました。
⑤サリーが戻ってきました。

という物語を子どもに紙芝居形式で絵を見せながら聴かせます。その後、質問1「ボールはどこにありますか？　カゴの中ですか、箱の中ですか？」、質問2「ボールで遊びたいサリーは、どこを探しますか？　カゴの中ですか、箱の中ですか？」と問うものです。

質問1の回答は「箱の中」です。さて、「心の理論」が試されるのが質問2です。正解は「カゴの中」です。この回答を導くためには、「アンがサリーの不在の間に、ボールを移動させたことをサリーは知らない」

ということを理解（共感）する必要があります。

バロン・コーエン（Baron-Cohen, S., 1985）は3～5歳の健常児と自閉症児を「サリーとアン課題」で比較し、自閉症児の正解率（通過率）が健常児よりも低かったことを報告しています。自閉症児は、ボールの移動先は「箱の中」であることが質問2の正解と考えるということです。つまり他者の視点を理解することの苦手さに起因する（共感することの困難さ）ということです。このことが、発達障害における対人関係の困難さの背景の一つとして考えられています。

発達障害と知的能力の凸凹

知的能力の測定において臨床場面で最もよく用いられる検査は第5章でも紹介するウェクスラー知能検査（成人の場合は成人版、Wechsler Adult Intelligence Scale; WAIS）であり世界中で広く用いられている検査です。

ASDの場合には、下位尺度間の得意不得意にバラツキが大きい、ということが一般的に言われている特徴です。バラツキの内容は個人によって異なりますが、例えば数字を単純に記憶するような機械的記憶やパズルのように視空間の操作能力などが高い一方で、言語を用いた抽象的な思考が苦手、などの特徴です。対人関係が苦手で、知的能力に凸凹が認められる、という特徴を考えると、それだけで、日々の生きづらさが見えてくるようですね。筆者らは、この凸凹の能力の凸の部分を見い出し、大学で育てることが大切なのではないかと考えています。それについては、後述します。

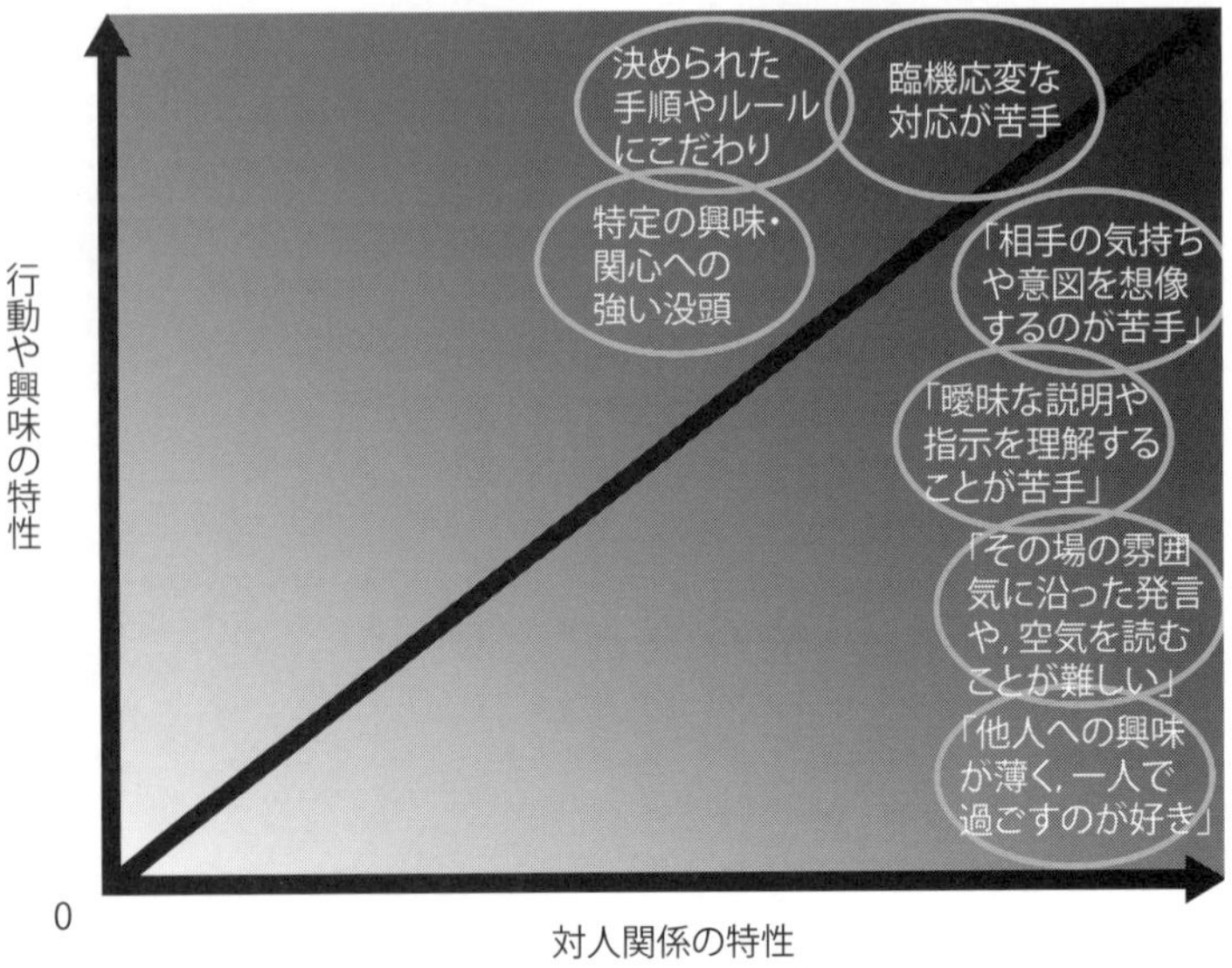
決められた
手順やルール
にこだわり
臨機応変な
対応が苦手
特定の興味・
関心への
強い没頭
「相手の気持ち
や意図を想像
するのが苦手」
「曖昧な説明や
指示を理解する
ことが苦手」
「その場の雰囲
気に沿った発言
や，空気を読む
ことが難しい」
「他人への興味
が薄く，一人で
過ごすのが好き」
行動や興味の特性
0
対人関係の特性

図 1-2　ASD 特性のスペクトラム

スペクトラムという便利な考え方

こうしてＡＳＤやＡＤＨＤの症状を見てくると、「自分にも多かれ少なかれ当てはまる」と思う方も、もしかしたら多いのではないでしょうか。特に最近では、「ＡＳＤっぽいよね」とか「ＡＤＨＤだよね」とか何気ない会話にも出てくる場面も多いように思います。それだけ多くの人々がＡＳＤとかＡＤＨＤの特性に何かしらあてはまる……ということにもなります。かくいう筆者自身も、小学校時代は待つことが苦手、思いついたら後先考えず動き出す、工作では手先の不器用さを担任から笑われた……など今思えば特性の心当たりは少なくありません。スペクトラムという概念が入って以来、症状にも「濃さ」があり、その濃さは薄まれば「正常範囲」になると考えることもできるようになりました。図１‐２を見てください。横軸はＡＳＤの診断基準にある２つの特性のうち「対人関係、コミュニケーション」、縦軸は「行動・興味の様式」です。ともに0に近ければ、ＡＳＤ特性は薄く、これらの特性で困ったり生きづらかったりすることはないはずです。一方、両軸ともに濃くなる、つまり右上方に位置するといろいろな日常生活の場面で困ることが増えてきます。しかし、その「境目」は曖昧です。このくらい困るとＡＳＤの診断がつく、という明確な境界はありません。

日常生活に支障が出ているか否かという点からすると、先のＡ君は孤立して不登校気味、Ｂ君は単位の危機という支障がでているのですが、周囲の支援で生活は成り立っています。筆者らは「特性＝個性」という範疇で考えて、いかに生きづらさを減らし、彼らの能力を育てるかという視点が大切だと考えています。

第2章　（何かと楽しくない）発達障害の学校生活

日本における発達障害と法律

世界で自閉症への関心が高まってきたことに伴って、日本の教育分野でもこうした子どもたちへの支援が始まりました。平成18（2006）年の学校教育法等改正を受けて、「改正学校教育法」が施行され小中学校において平成19（2007）年から特別支援教育が本格的に実施されるに至りました。すなわち、それまでの「特殊教育」から「特別支援教育」へと変わり、対象となる子どもとして「発達障害児」が加わる、という大きな変化が生じました。特別支援教育とは「一人一人の教育的ニーズを把握し、該当児童生徒の持てる力を高め、生活や学習上の困難を改善または克服するために、適切な教育や指導を通じて必要な支援を行うもの」です。

ところで大学における発達障害学生への支援はどうなっているのでしょうか。平成17（2005）年には「発達障害者支援法」が成立し、発達障害を対象とした教育や就労環境の整備が始まりました。平成23（2011）年には昭和45（1970）年に制定された「障害者基本法」の再改正によって「合理的配慮」の概念が取り入れられ、その中で発達障害児・者に対する教育の場での差別の禁止や、教育的配慮が義務づけられました。その結果、大学においても、発達障害に起因するさまざまな学業生活上の困難に対して細やかな支援が行われるようになってきました。しかし実際には、平成19（2007）年に特別支援教育が始まった当時の小中学校で支援対象であった発達障害の子どもたちが大学生年齢になって、つまり、比較的最近になって大学でも発達障害学生への支援が充実してきたのが現状です。また発達障害者支援の空白地帯と言われてきた大学教育では、平成25（2013）年に「障害を理由とする差別の解消の推進に関する法律（障害者差別解消法）」が成立したことによって「合理的配慮」の提供が義務付けられるようになり、発達障害学生への支援が一層注目され充実してきたと言えます。その点では、大学での対応は比較的最近になってようやく整備されてきた、と言ってもよいのかもしれません。

大学教育は合理的配慮の視点から

わが国においても「発達障害」という名称が広く周知され、法律においてもさまざまな支援や教育が反映されてきたという点では、生きづらさが少なくなったとか、楽になったという人々も多いのではないでしょうか。

例えばB君です。カウンセラーが伴走してくれ、カウンセラーからB君の特性を担当教員に伝えた結果、レポート期限や課題はカウンセラーにも連絡してもらいB君に確認する、時間割の変更は、教員からB君に直接、個別に伝えてもらうなどの配慮をしてもらうことが可能になりました。また不登校気味であったA君は、その後、カウンセラーの所へ父親同伴で相談に行き、指導教員とカウンセラーが話し合って、肯定的評価を言葉で積極的に伝える、院生研究室のA君の机を人と視線の合わない壁側に配置するなどの配慮をしてもらいました。その結果A君は徐々に研究室に戻ることができ、留年することなく進級できました。これらは「合理的配慮」による教育の例と言えます。こうした個別のちょっとした教育的配慮によって、A君もB君も生きづらさが減って、充実した大学生活を送ることができるようになっています。

現在はすべての大学で「法律での義務化」にそって、「発達障害」という診断名がついていなくてもカウンセラーなどの専門家によって合理的配慮が必要と判断されれば、大学生活上の困難を周囲がサポートしてくれる体制ができています(日本学生支援機構、2019)。「合理的配慮」と聞くと、とても大変で大げさな手続きやら対応を想定しそうですが、もっと気軽に教員や学生相談のカウンセラーなどに大学生活での困り感を相談することが「楽しい学生生活」、そして将来のウェルビーイングな人生につながる道である、と考えてほしいものだと思っています。

年齢で変化する発達障害特性と二次的問題が問題!

ASD、ADHDを中心に発達障害について説明してきましたが、もう一つ覚えておきたい重要な点として「二次的問題(二次障害)」というものがあります。すなわち、本来の特性ではなく何らかの特性を背景として、二次的にメンタルヘルスや生活に支障をきたすことを指します。ここでは、例としてASD特性の年代別の特徴とそれに伴う二次的問題について触れたいと思います。

小学校時代

幼稚園から集団が大きくなることで集団生活の苦手さが目立ってきます。また解氏のように興味やこだわりが強く、先生からの叱責が増えることもあります。解氏は叱責をものともしなかった（それすら関心がない）のですが、子どもによってはパニックや怒りが爆発することもあります。

高学年になるにつれて、集団生活の苦手さが一層目立ち、いわゆる空気が読めない、ルールにこだわって他児を責めるなどの行動から、からかいや「いじめ」の対象となることもあります。小学校時代の大きな二次的問題です。本人はからかいやいじめによって孤立する結果、自己評価も下がり続けます。当然ですが、「他の子どもとは違う」ことを強く意識する子どもも多く、「自分はダメだ」という自己イメージができあがります。筆者は、「ボクなんかどうせダメだから」という発達障害の幼稚園児と出会ったことがあります。幼稚園時代にすでに人と違う自分を意識し、自己評価が下がってしまった深刻な二次的問題の例です。

中学校・高校時代

環境が大きく影響する時期ですが、集団不適応や孤立が小学校時代から継続することも多く見られます。一方、成績が優秀である場合には、教員からも大目に見られたり、他生徒からも一目置かれるためにからかいの対象にはなりにくく、大過なく過ごすこともあります。逆に、いじめられや集団不適応によりストレスの大きな状態が続く場合には、周囲への被害感などから一時的に幻覚・妄想状態を呈したり、不眠、うつ状態に陥ったりすることもあります。これも、二次障害とされるものです。

このようなメンタル上の問題が現れた際には、医学的な対応が必要になることが多くなります。受診して初めて「お子さんは発達障害ですね」という診断がつく場合もあります。

大学時代

大学生活と高校生活の大きな相違点は、「自由」であることです。自由を謳歌する楽しい大学生活が「普通の大学生」にとっては、何ら問題となることもない青春時代ですが、一部の発達障害圏学生にとっては、苦難の始まりでもあります。特に、高校時代までは孤独ではあっても、いじめの対象にならず、成績優秀で他の生徒から一目置かれていた場合や、忘れ物や時間割の変更はいつも母親がレールを敷いてくれていた、などの場合には、大学生活で初めて苦労することも珍しくありません。初めての一人暮らし、時間割は自分で作る、教室も一時限ごとに部屋が違う、休講の連絡は自分でチェック……あふれるような自由にあっという間に溺れることになります。多くの大学生は入学ガイダンスで席が近かった、名簿が前後だったなどの理由をきっかけに、カリキュラムを一緒に作ったり、下宿を行き来する友人ができ、次第に一人暮らしにも慣れていくものですが、発達障害圏の彼らには、そうした器用な対人関係が往々にして苦手です。

その結果、次第に大学から足が遠のき、下宿にひきこもり、誰にも気づかれないうちに欠席が増えて単位が危うくなってくることになります。下宿でうつうつと過ごし、不眠、昼夜逆転の生活……これも発達障害圏学生の大学生活における大きな二次的問題です。

こうしてみてみると、発達障害圏の子どもや青年にとって、学校という教育の場は、小学校時代あるいは幼稚園時代から大学時代までその時々の苦労を抱え、場合によっては二次的問題も抱えざるを得ない環境と言えます。

そしてそのまま、自分の持てる特性を自ら知ることも、活かすこともできず社会に出ていくとしたら……彼らのウェルビーイングな人生はどこで実現されるのでしょうか。発達障害という用語の浸透とともに、最近では、成人してから「自分は発達障害なのではないか」と悩み精神科や心理相談室を受診する成人が増加しています。あるいは、就職したものの、職場の対人関係で躓いて、転職を繰り返した結果、相談に訪れる成人も珍しくありません。社会人になってからでも、その都度の解決策を探すことはもちろん可能ですから遅いということはありません。しかし、最後の学校生活である大学生の間に、自分の能力を凸も凹もきちんと自ら理解し、それを大学時代に伸ばし（それには、当然のことですがそうした教育環境が大切です）、そして自分の持てる能力を社会で活かす道を探し（それをサポートするために大学にはキャリアカウンセラーもいます）、社会に出てゆくことができればどんなに幸せでしょうか。

発達障害圏学生にとって大学生活は最後の砦、社会に出る前の彼らのウェルビーイングな人生を見通す最後の猶予期間とも言えるのです。それには、大学教育の主体である大学教員の理解と支援は必須と言えます。

発達障害から創造性への道

以上、発達障害という概念と彼らの学校生活について概観してきました。ここから本書を通して皆さんにお伝えしたいことの予告編です。「発達障害」とは生活上に困難をきたし、相当の苦労や悩みを抱えて、医療機関を受診すると、医学的には「障害（症）」という診断がつくことがあります。そして、その生きづらさや困難や苦労の程度については、その「濃さ」によって「特性＝個性」でもあり同時に「優れた能力」と表裏一体の可能性も秘めているということです。

さらに一歩進んで考えれば、優れた潜在する能力は芽が出れば素晴らしい創造的能力として発現し、ウェルビーイングな人生を歩むことができる可能性も秘めている、ということです。それを今まさに、実現して人生を歩んでいるのが本書で紹介する理系研究者の集団です。

第Ⅱ部　基礎知識としての創造性

現代社会における流行語と言ってもよいぐらい，日々，マスコミや広告で見かける「創造性」です。でも創造性って何？ と聞かれると一瞬立ち止まってしまうのではないでしょうか。ここでは，創造性の定義，創造性研究の現状と創造性と天才の関係などを幅広く概観したいと思います。

なお,「創造性」についての知識は必要ないという方は，第Ⅲ部から読んでいただいてもかまいません。

第3章　創造性という言葉は難しい

湯川秀樹博士も創造的人間の育成に悩んでいた

ノーベル物理学賞を受賞した湯川秀樹博士は「創造性」への関心が深く、『創造的人間』（1966）という本を著しています。その中で、「人間と機械の相違は想像力の有無であり創造性の発現について社会は真剣に考えるべき」と述べて一九六〇年代にはすでに、若者の創造性発現の公算を大きくするには、どうしたらよいか、どうしたら創造性を育成できるか、科学者として真剣に考えてきました。創造的仕事をなしている科学者自身がもっと自分たちの創造性について考え、後世に伝えねばならない、という使命感が背景にあったようです。

この湯川博士の指摘から一〇年後の一九七八年、日本学術会議において今後三年間の重点審議目標の一つとして、「創造性」が挙げられました（伏見，1987）。背景には、日本の科学者における創造性の貧困が問題になっていたそうです。今でこそ「創造性」という用語は巷にあふれかえっている状況ですが、実は一九六〇年代の湯川博士に始まり、わが国でも、学術的な面からも「創造性」への関心は途切れることなく続いてきたと言えます。

さてこの「創造」という言葉ですが、『広辞苑』によると「過去に存在しない新しいものを生み出すこと」となっています。また「創造性」という言葉については、『広辞苑』では「課題の解決に際して、独創的な解決法を支える認知活動。課題に含まれる関係性を発見したり、新たな考えを生み出したり、定型的な思考法にとらわれない能力を意味する」とされています。とても広く抽象的な概念であることがわかります。こうした抽象的な用語に対する学問的な研究は、難しい側面を含むことになります。つまり、研究者によって「創造性」の定義が広範にわたり、何を測定すればよいのか、という議論と同時に、「研究結果」同士を単純に同じ土俵で比較することが困難になるからです。これが「創造性研究」の難しさです。

教育基本法にも登場する「創造性」

平成18（2006）年の日本の教育基本法の改正では「創造性の涵養」という言葉が用いられています。つまり、「豊かな人間性と創造性を備えた人間の育成を期する（下線は筆者）」と改正されたことを踏まえ、教育分野においても「創造性育成」がこれ以降旗印になってきました。平成27（2015）年には「初等中等教育における創造性の涵養と知的財産の意義の理解に向けて――知的財産に関わる資質・能力の育成――これからの時代に求められる在り方」が文部科学省初等中等教育局教育課程課より説明資料として発表され、その中で「新たな価値の創造に挑み～新たな知的創造につながる科学的な思考力・判断力・表現力等の育成」による人生の充実、が示されています。つまり、新たな価値の創造に挑む能力の育成はその後の人生の充実につながる、というわけです。文部科学省も「創造性教育」に大変な力を入れている現状と言えます。

現代社会に目を向けると、人生百年時代に向けて新しい価値の「創造」、新たな生き方の「創造」、地域の「創生・共創」など「創造」や「共創」という言葉をマスメディアなどで見聞きしない日はない、と言っても過言ではない様相です。文部科学省のみでなく、さまざまな組織や企業を含め社会全体が創造的成果や創造性の育成に大きな関心を持っていることは確かではないかと思われます。

一九五〇年、心理学分野の創造性研究が本格化した

さて、筆者らの専門は心理学分野（臨床心理学）です。この分野における創造性研究についてここで概観してみたいと思います。心理学では、一九五〇年に著名な心理学者のギルフォード（Guilford, J. P.）が米国心理学会（ＡＰＡ）の会長就任講演において「創造性研究の必要性」について講演したことをきっかけに研究が盛んに行われるようになった、とされています。心理学分野における実質的な創造性研究のスタートです。その後、ギルフォード自身が精力的に創造性研究を行い、知能の中でも創造性には「拡散的思考（divergent thinking）」が重要であると述べています。この「拡散的思考」とは、新しいアイデアを多く生み出すような思考のことで、「思考の流暢性（発想の数の多さ）」「柔軟性（発想の多様さや柔軟さ）」そして「独自性（発想の非凡さや稀さ）」の３本柱からなっていると言われています。ちなみに、この対概念になっているのが「収束的思考（convergent thinking）」で、すなわち、課題を解決するために必要な能力です。拡散的思考を測定する尺度として、ギルフォード自身も、Torrance's Test of Creative Thinking（ＴＴＣＴ）というものを作っています。ある絵について不確かな点を質問する、絵のような事態になった原因を推測する、ぬいぐるみをおもしろいおもちゃに改良する、空き缶の利用法などの問題から成る測定法でアイデアの多さ（思

考の流暢性）、アイデアの多様さ（思考の柔軟性）と珍しいアイデアが含まれているか（思考の独自性）を測定するものです。またＵＵＴ（Unusual Uses Test）という有名な創造性測定法もあります。30秒間に「日常で使うもの（例題＝レンガについて、など）の通常とは異なる使い方をできるだけ多く挙げてください」というものです。回答について、拡散的思考の3本柱にそって流暢性（回答数）、柔軟性（回答を種類に分類したカテゴリー数）と独自性から測定するものです。いずれも、基礎には「拡散的思考」を測定するという理論をもつものです。しかし、「創造性＝拡散的思考」のみで測定できるものでしょうか？　皆さんもおや？と思われるかもしれませんね。当然です、その後、そうした批判的議論も盛んになってきました。

ちなみにわが国では、一九七九年に「日本創造学会」が設立されています。この学会は心理学に限らず、さまざまな学術分野、組織等から成る学会です。この学会のホームページにある「創造性研究の領域」には以下が記載されています。

《創造性の領域》

①創造性とは何か（定義から評価まで）。
②創造的人間（能力・検査・人格・天才論）。
③創造性の発達（胎児から高齢者まで）。
④創造性の開発と教育（才能発見と育成）。
⑤創造的問題解決（意識・問題・手順）。
⑥創造的思考と創造技法（思考法から技術まで）。
⑦創造的環境（発想場所から風土まで）。

⑧創造的組織（小集団から民族まで）。
⑨創造性の歴史（発明・発見から創造性開発の歴史まで）。
⑩その他。

これだけを見ても、「創造性」の定義の難しさや研究が広範にわたることがおわかりだと思います。

創造性の定義をめぐって——AIの時代に向かう混沌

ギルフォードの「拡散的思考」概念が、創造性の中核として現在もなお多くの研究が行われている一方で、心理学者のチクセントミハイ（Csikszentmihalyi, M., 1996）は『創造性（Creativity）』という著書の中で、創造性という言葉があまりに広範な見解を包含しているために多くの混乱が生じていることを指摘しています。特に一九九〇年以降、世の中は情報技術やAIの発展による創造性の定義の再検討の議論はもちろんのこと、創造的価値や創造性という概念が心理学、脳科学、経営学、社会学をはじめとする諸分野から広く注目されるようになり、さまざまな創造性研究が日々行われている現状にあります。その結果、創造性の定義も一層多様かつ曖昧でわかりにくいものとなっていることも事実です。例えばチクセントミハイは著書『創造性』（1996）の中で、こうした混乱を避けるために、「創造性あるいは創造的な人」を次の3つの条件で定義しています。すなわち、

①「才能あふれている」が永続的な重要性を帯びた貢献をしていなければ本書の創造性とは異なる。
②斬新かつ独創的な方法で世界を経験する人々「個人レベルで創造的な人々」は対象になる。

③ダヴィンチ、エジソン、アインシュタインなど文化のある面に重要な変化をもたらした人々＝無条件で「創造的」人々であり対象になる。

すなわち、彼の創造性の定義は「永続的な重要性を帯びた貢献」「斬新かつ独創的に世界を経験（個人レベルの創造性）」「文化のある面に重要な変化をもたらす」ということに集約されていると言えます。

「創造性とは何か」についてこのように多様な分野からさまざまな定義によるアプローチがなされている現代において、最近ではＡＩの飛躍的進歩とともに「ＡＩの創造性」というテーマにも関心が集まっています。高橋（2022）は、日本創造学会の会員を対象として、調査を実施し、「一九八三年当時の創造の定義は『創造とは、人が問題を異質な情報群を組み合わせ統合して解決し、社会あるいは個人レベルで、新しい価値を生むこと』であったが、二〇二二年の定義は『創造とは多様な情報群を組み合わせて、問題の解決案を創出し、人が解決策を決定し、社会や個人のレベルで新たな価値を生み、人々の共感が得られたもの』としています。両者の大きな相違点は、一九八三年当時は「創造とは人が行うもの」としていたものを二〇二二年には「創造とは、人のみでなくＡＩも行う」としたことです。一方、高橋は「ＡＩは創造は行うが、決定することができない」と述べています。現時点のＡＩの機能の限界、という点による相違かもしれません。つまり、いずれ「創造」とは、人もＡＩも同質の「創造」を行い得る、あるいはＡＩの創造は人の創造を凌駕するということになるのかもしれません。今後、さまざまな領域で人間とＡＩの創造性に関する研究が増加するものと思われます。

一九八〇年代以降の創造性研究の新たな展開

ここで歴史を遡りますが、米国では一九八〇年代後半から創造性研究が新たな展開を示し始めたと言われています、つまり、それまでの創造性研究はあくまでも「創造的個人」が対象でしたが、個人のみでなく、領域とフィールドという「枠組み」を考える必要がある、という視点への展開です。この中心になる心理学者がガードナー（Gardner, H.）とチクセントミハイです。中でも心理学のみならず、他分野からも注目されているのが「チーム（グループ）」「組織」という視点です。組織の中でいかに創造性を発揮するか、という視点の導入と言えます。

チクセントミハイは、一九八〇年代よりポジティブ心理学や創造性研究で活躍してきた心理学者です。彼は、個人（individual）、フィールド（field）、領域（domain）の関係性から創造性を捉え、創造性システムズモデルという一連の研究を発表しています（2014）。彼の理論の特徴は、従来の個人特性としての創造性研究からシステムズモデル（systems model）を提唱していることです。すなわち、個人の特性だけではなく、現代の創造性は、個人・フィールド・領域の関係性の中から生じるとする視点で「創造性はシステムの中で花開く」と述べ、「筆者らは、organizational creativity を信じている、つまり社会と集団の創造的プロセスが強調される創造性であり、将来の協力的な成功のキーファクターとなるものである……イノベーションは完全なる organization の特性を有し、個人ではない」として、創造性とはどこにあるのか（つまり個人ではない）……、と疑問を投げかけています。

彼の理論では創造性とは上述の3つの力の統合、すなわち社会的施設あるいは分野（field）、安定した社会的領域（domain）、そして最後に個人（individual）である、としてその特徴について以下を示しています。

①創造的プロセスはかなりの部分社会的相互作用に依存している、そこには対面の出会い、複数のdomainのシンボリックな没頭がある。
②もっとも重要な本質は、複数のdomainによる情報の合成に特徴づけられる。
③もっとも重要な個人的な特徴は、強い関心と興味、内在するモチベーション、それは個人や集団をdomainの課題を有するエリアへの注目に没頭させ、知の境界を超えることを許容する特徴を有する。
④目標が定められていることは本質的なことではなく、アイデアの偶然の発見を許容するものである。
⑤ひらめきを試行することや結果の発展の機会を許容することが重要。

チクセントミハイはこうしたシステムを重視する創造性を強調しています。

しかし一方で、彼は著書の中で91名の「創造的人物」の個別インタビューを実施し、個人の特性、生活史やパーソナリティ特徴について詳細に報告しています。いわゆる個別の質的研究方法（筆者らの研究方法と同様）です。その上で、こうした「個人の創造性」を育てるにはどうしたらよいか、という視点から、家族、子ども時代の教育といった生活史やパーソナリティなど個人の創造性要因について多くの頁を割いています。システムズモデルにおいても、同時に「個人の要素」の重要性はしっかり示されているということです。そして同時に「創造性」のシステム論は、今後も発展する理論と思われます。

創造性測定のための枠組み提案

二〇一〇年代以降になると、創造性測定に関する提案が出されてきました。例えば、ベイティ（Batey, M., 2012）はこれまでの創造性の定義が多様であり、測定手法は、一貫して「拡散的思考」測定が中心であることを述べ、創造性研究の対象は個人、チーム、組織、文化の4点であり、測定する側面はTrait（person）、Process、Environment（press）、Productの4つがあることを示しました。測定手法として、客観評定（拡散思考テスト、特許の数など）、活動者や活動したチームによる主観評定（自己評定）と外部評価者の主観評定という3つを示し、この三次元の構造による創造性へのアプローチを提案しています。

またジェン（Zeng, L., 2011）らは三次元構造による創造性を提唱し、創造性は新奇性のみでなく有用性を加える必要を主張し、創造活動は複数の認知過程すなわち、問題決定（問題発見）と問題解決という過程を含むことを指摘しています。そして4つのフェイズからなる創造活動過程の提案し、①problem analysis（問題発見）、②ideation（多数の解決策、アイデア生成）、③evaluation（解決策の分析・洗練・選択、収束的思考との関連）、④implementation（実世界への実装）再帰的課程（循環）を考えるべきであると主張しています。すなわち従来の創造性研究の中心である拡散的思考（divergent thinking、DT test）は②を測定しているだけであると批判的に指摘しています。

比較的最近の動向として紹介したこれらの研究は、これまでの個人の能力のみでなく組織あるいはシステムを想定する新しい創造性の枠組みや定義への挑戦とも言えますが、一方、「どのようにしてその新しい枠組みによる創造性を測定するのか」という研究の方法論が今後の大きな課題となっている現状です。

わが国の心理学分野における創造性研究

ところで、わが国の心理学領域における創造性研究の動向はどうなっているのでしょうか。国内外においてこれだけ「創造性」という用語が氾濫している現状から気になるところです。図3-1を見てください。これはCinii《サイニィ》（Cinii Citation Information）と呼ぶ、日本の国立情報学研究所（NII、National Institute of Informatics）による研究データベースにおいて「創造性」と「心理学」というキーワードを組み合わせてヒットした研究の件数を年代別に示したものです（Cinii, 2023）。右側の二〇〇一年以降出現する濃い棒グラフは「創造性」と「臨床心理学」を掛け合わせて検索した件数です。件数の中には大きく「論文」「本」「博士論文」「プロジェクト（日本学術振興会による助成研究プロジェクトなど）」に分類されるものが含まれています。

ちなみに「創造性」というキーワードのみで検索した結果を図4-1で示していますが「創造性」というキーワードのみですと直近の12年間では3,245件ヒットします。つまり、同じ期間に心理学研究は約240件ですが、わが国全体の研究としては心理学分野の13倍以上の論文等が発信されていることになります。研究の質や発信形態も異なるので多ければ良いというわけではありませんが、ただ心理学領域からの創造性に関する研究発信は少々残念な現状かもしれません。矢野（2002）は二〇〇〇年代初頭に創造性研究について日本と海外（米国を中心に）を比較展望し、「一九九〇年以降欧米の創造性研究の進展（範囲や裾野の広さ）は日本のそれと比べようもなく大きい」と述べ、日本の場合は心理学分野での研究の乏しさを指摘しています。特に、創造性過程について、さまざまな要因（IQ、拡散的思考、知識、認知スタイル、パーソナリテ

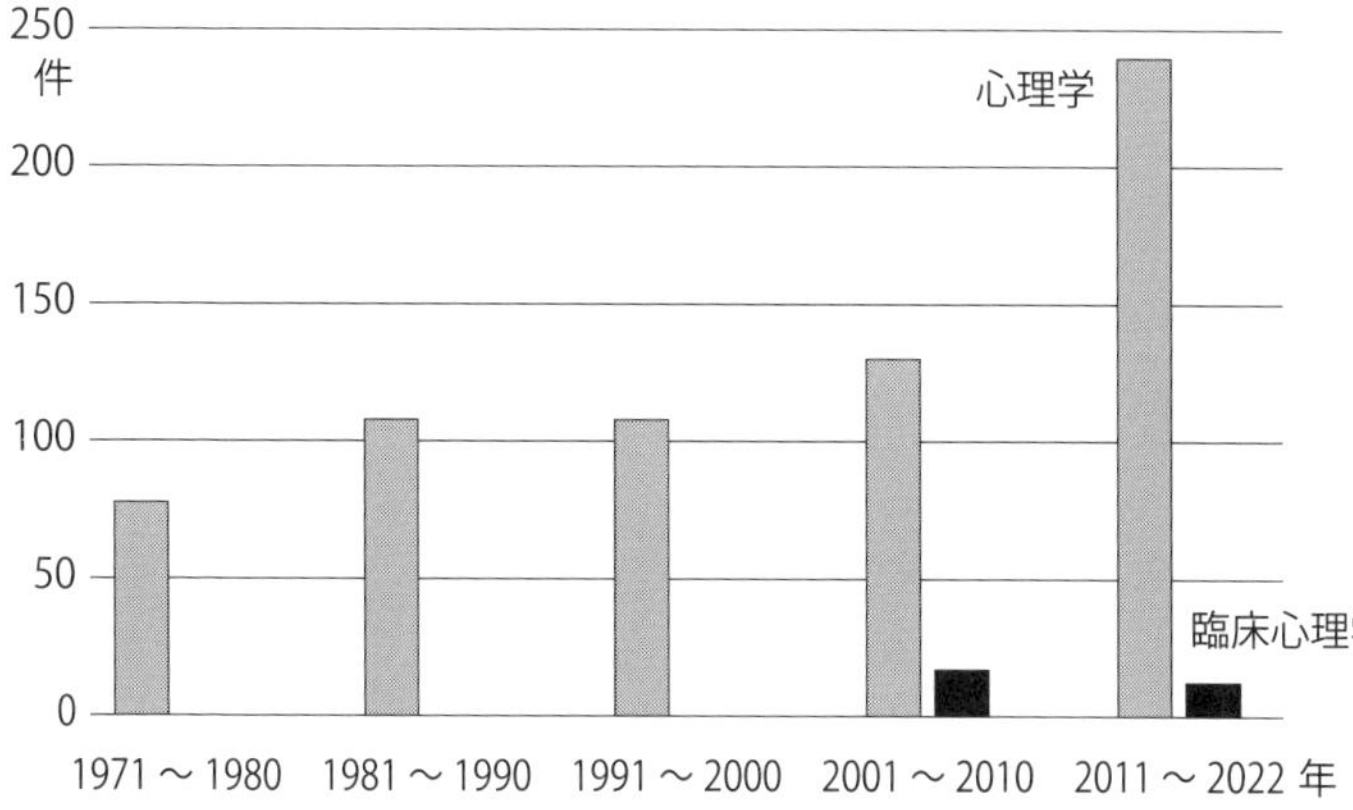

図 3-1　Cinii における「創造性」「心理学」(「臨床心理学」) の検索

イ、動機づけとの関係）の研究が心理学分野では可能なはず、と述べています。

日本における創造性研究が海外に比して低調である背景の一つには、前述してきた「創造性」の定義の難しさもあると思われます。ここで、このような残念な現状だけではなく、心理学研究の面白さをお伝えするために、創造性に関する心理学研究を紹介したいと思います。心理学では測定尺度による研究スタイルがしばしば用いられます。すなわち、定義された創造性を測定する質問紙と、影響のありそうな要因を測定する質問紙を実施する、例えば創造性と好奇心との関係を調べる場合、定義された創造性測定の質問紙と好奇心測定質問紙を行い両者の関係を分析する、といった方法です。あるいは、心理学では、コルチゾール（ストレス測定）、脳波、血圧・脈拍、最近では脳科学分野との近接などによる生理指標を用いる研究も少なくありません。

マインドワンダリングと創造性

山岡ら（2017）は「マインドワンダリング」と「アウエアネ

ス」という概念と創造性との関連を調べる研究を行っています。マインドワンダリング（mind-wandering）とは「注意が離れる」ことで、最近、流行しているマインドフルネス（mindfulness）「現在に注意を向ける」の対概念であり、この両者はどちらが創造性を促進するのか、という議論と研究がこれまでにも国内外で行われています。多くの研究ではマインドワンダリングは創造性にネガティブな影響があると報告しているのですが、山岡はＡＤＨＤは通常の人よりもマインドワンダリングが頻繁で、かつ拡散的思考を測定する創造性テストの成績が優れている、という先行研究から「マインドワンダリングは創造性、特に拡散的思考と正の関連の可能性があるのではないか」という仮説を立てました。創造性の測定方法はしばしば用いられるＵＵＴテストです（42頁参照）。それと、マインドワンダリング質問紙（Mind-Wandering Questionnaire; MWQ）日本語版（項目例＝仕事中や授業中に別のことを考えてしまう）とアウエアネス質問紙（Mindful Awareness and Attention Scale; MAAS）日本語版（項目例＝自分のしていることをあまり意識しないまま、自動的に動いている気がする）を大学生に実施しました。

結論は、マインドワンダリングをほどほどにしている（中群）大学生は他者が思いつかないような稀なアイデアが浮かぶ一方、創造的かどうかという点では評価が低かったそうです。すなわち、「ほどほどのマインドワンダリングが独創的アイデアには役立つ（けど、それが創造的かどうかの評価は低い）」と報告しています。

こうした研究が一般的な創造性に関する心理学研究の一つの方法です。

フロイトとロールシャッハも創造性に着目していた

さて、筆者らの専門である臨床心理学分野においては古い歴史があります。二〇世紀が生んだ最大の天才ともいわれる精神分析の創始者であるフロイト（Freud, S.）に遡ることができます。フロイトは一九〇〇年代初頭において、論文「レオナルド・ダ・ヴィンチの幼年期のある思い出」の中で、健常者においても一次過程が存在し続けることを再認識すると同時に、一次過程は「病理のサイン」としてのみ考えられるべきではない、と強調したとされています（吉村、2004）。すなわち「病理」ではなくそこに「創造の源流」を想定していました。ここでいう「一次過程」とは、フロイトの「心的装置」と呼ばれる心の構造において、エスの領域、つまり本能的欲求や欲望の領域における現実から離れた非現実的で非論理的な思考のプロセスのことです。一次過程に対する対概念としての二次過程とは、自我によって統制された現実的・論理的な思考の過程です。フロイトはこの一次過程における思考を一般的には「病理的なサイン」とみるだけでなく、創造性の源としてとらえることの可能性を強調していたのです。創造性の源流を示唆する貴重な視点と言えます。その後、一次過程と創造性に関する研究から「創造的な退行」という概念が生まれることになります。すなわち、自我の統制のもとでの退行＝一次過程への「病理的ではない一時的な退行」という考え方が提示されました。この場合の退行とは、現実原則（現実的な適応を優先する）を離れ、快楽原則（生まれつき備わった欲求に無意識的に従う）の世界に戻ることを指します。こうしたフロイトに端を発する概念に基づく創造性研究の対象となってきたのは多くが創造的芸術家（もしくは芸術系学生）でした。

また、Ⅲ部の研究で紹介する投映法心理検査の代表であるロールシャッハ法（テスト）の創始者である精神科医のヘルマン・ロールシャッハ（Rorschach, H.）自身は一九二一年のロールシャッハ法創始時に出版した『精神診断学』において、「独創性」「聡明な人」「空想力豊かな人」に関するロールシャッハ反応の特徴を詳細に説明しています。その中で「創造気分は拡張した体験型であり、『霊感』は迅速かつ非常に広く拡張した体験型である。ある才能が深まるということはおそらくいつも、内向性が強くなったということであろう。内向性の上昇は普通30歳ごろに生ずるものである……」と述べています。ギルフォードの概念である「拡散的思考」（1950）に通ずる思考特徴を報告していること、そして、こうした創造気分の上昇は30歳代に顕著であることは、筆者らの本研究においても20代から30代での創造的研究を「最も創造的」であったとする研究者の語りに一致するもので実に興味深い点です。

脳科学分野における創造性研究

本章の最後に心理学の近接領域として脳科学分野の現状を簡単に紹介します。脳科学分野では一九九〇年代以降、脳科学研究の隆盛に伴って創造性研究も盛んに行われるようになっています。二〇〇〇年以降、ディートリッヒ（Dietrich, A., 2004）が、創造性にはワーキングメモリーが、集中力の持続性や柔軟な思考などには、前頭葉が支配する認知能力が重要である、と報告しています。一方、今井（2012）は脳機能イメージング的な視点からの創造性研究を展望し、やはり他領域と同様に脳科学領域でも明確な統一的成果が見えていないと報告しています。その一つの要因として、繰り返し述べてきたような「創造性の定義と測定方法」の課題がここでもあります。つまり、定義と測定方法が脳科学研究分野でも一致せず成果の比較ができない、ということです。そうした状況の中で、二〇一八年にはビーティ（Beaty, R. E.）がｆＭＲＩ（磁気共鳴機能画像法）による拡散的思考課題遂行中の脳機能測定の結果、高い創造性能力は、脳内の広汎なネットワークが関連していることを報告しています。それまでの知見に対する新たな成果として画期的知見とも言えます。この研究は１６３名を対象にｆＭＲＩによる測定を実施したものです。この研究において創造性をどのように定義し測定したかについては、ギルフォードの拡散的思考測定を用いています。すなわちこの研究の結果は「創造性＝拡散的思考の程度」で定義される創造性に関する知見である、という点に注意する必要があります。

これまでの創造性の定義や測定方法などの課題を解決して、今後は脳科学分野からの創造性研究がＡＩ研究に連動して一層発展するのではないかと筆者は考えています。ちなみに、二〇二二年四月号のアメリカ心理学会（ＡＰＡ）の会報誌（Monitor on Psychology）では特集としてCreativityをめぐる最近の知見を紹介しています（Weir, K., 2022）。その中でも、多くの研究者が創造性は一つだけの脳領域や単一のニューラルネットワークの産物ではなく多くの異なるメカニズムを有するものであると考えていることが紹介されています。

以上、創造性の定義と研究の歴史を概観してきましたが、いずれの分野でも定義と方法論の課題がついてまわってきた歴史とも言えると思います。これからは、ＡＩの急速な進化とともに創造性研究も新しい段階に入る可能性を含め、今後の発展が期待できます。

第4章　天才と創造性と障害

天才の不幸な人生を研究した心理学者

わが国の著名な心理学者である宮城音弥は、心理学の視点から天才と創造性について研究し『天才』(1967)というタイトルの図書を発刊しています。ここでは、宮城の「天才と創造性論」について簡単に紹介したいと思います。

当時（一九六〇年代）の心理学では「能才（高い才能）をもつもののうち、特に高度なものが天才である」とされていたことから、天才は特異な能力を持ち、新しいものを生み出すものである、としています。宮城は創造性の定義を「急激で飛躍的な変化で、物質的および文化（精神的生活様式）に持続的で価値のある変化をもたらすもの」とし、創造性＝天才の特徴と考えていました。また、天才は時代からかけ離れた考え方をするために社会に評価されず、残酷な扱いを受けることが少なくなかったことから、宮城は「天才は適応できないのが普通」であると述べています。すなわち、天才の性格には社会的不適応の要素があり、ソクラテス＝罵倒され死刑、コロンブス＝地球は平らだと信じていた時代に自説を証明して帰国し牢獄行き、ガリレイ＝温度計、望遠鏡などの発明によって地球の真実を主張し牢獄行き、ラヴォアジェ＝科学と生理学を創始したが絞首刑、などいかにその時代の社会においては不適応者であり残虐な対応をされたかなどを指摘しています。

宮城は不幸な天才の人生研究のみでなく、創造性の発現プロセスとして3つの心理学理論を想定しました。

①条件反応の般化＝一つの刺激に対して違った反応をする「反応般化」において、天才は般化の範囲が広いことから創造作用が働く。

②学習の転移＝般化の範疇、過去の学習が広がったものが「転移」であり、創造は原則が拡がって転移することで生じる。

③知性の見通しと中心転換＝絵探し同様に、突然にある図柄に別物が見える、という「中心転換」が創造的発見・発明につながる。

この3つは心理学の基礎理論ですが、宮城はそれを「創造」につなげて考察しています。

また創造性に繋がる性格について、宮城は天才の創造性には原動力として何らかの内的な欲求が人間を動かす（創造性）主要な力になると考えました。さらに宮城は、目的追及型天才は一つの観念だけが支配して他の考えを排除する傾向が強いことを示し、天才にはこうした「偏執性」が極めて多いとしています。「一つの観念だけが支配して他の考えを排除する傾向が強い」これは、現代の心理学（精神医学）で言えば「(変更不能の）強いこだわり」に近い概念と思われます。

宮城は天才研究の結語として次のように述べています。「ロンブローゾは『天才は狂気だ』と述べ、クレッチマーは『天才は精神病質だ』と述べているが、天才は不適応者だが、社会的適応を犠牲にして創造作用を行う人間だ」

一九六〇年代、湯川博士が「創造性の育成を考えるべき」と主張していたその時代に、天才の創造性を心理学的に考察した宮城の結語は、現代の創造性に一脈通じつつも「その時代から残虐な扱いを受ける」という過去は繰り返されないことを願いたいものです。

創造性を発揮した人物の障害的人生

宮城は、天才における創造性の背景を「社会不適応」として考えていましたが、ウェスト（Thomas G. West）は優れた創造的業績を残した人物について主にその生活史やエピソードから「発達上の何らかの障害」を有していたことを示しています（West, 1994）。

例として以下の逸話を挙げています。一九世紀の化学者・物理学者であるマイケル・ファラデー（Michael Faraday）は電磁誘導の発見をはじめ多くの創造的業績を残したことで有名ですが、強力な視覚的創造力（視覚的思考）を有していた反面、知的障害（学習障害）もあったそうです。幼い頃の会話障害、句読点の著しい欠陥、最大の障害は記憶と数学であり、知的機能の顕著な凸凹があったことが示されています。

同じく一九世紀の物理学に最も重要な貢献をしたと評価される理論物理学者であるマックスウエル（James Clerk Maxwell）は、ファラデーの電磁界の研究をひきついでマックスウエル方程式を導いていますが、対人関係において特徴があり、しきたりを気にしない、独創的で単純なふるまい、会話は不明瞭、上層・下層の人々に同じ態度で接したことなどが報告されています。また糊のきいた服が嫌いだったというエピソードは、発達障害圏にしばしば認められる、感覚の過敏性を推測させるものかもしれません。

ウェストはアインシュタインについても詳細に分析しており、アインシュタインが自らのアイデアの源を「イメージで遊ぶこと」と述べていたこと、相対性理論を考えるようになったのは、自分の知的発達が遅れており、子どもしか考えない疑問すなわち、時間と空間について大人になってから考えたこと、などを報告しています。アインシュタインの強化された分野は視覚的想像力と直感的方法であった一方で、単純な計算や言語、あるいは社会的階級に対する感受性の欠如（つまりマナーやルールに無頓着）、記憶力の悪さなど驚くほどの弱みもあった、とウェストは述べています。またアインシュタインには「かんしゃく」があったことも有名です（ＡＳＤの子どもにかんしゃくがあることは珍しくありません）。

顕著な創造的業績を残す研究者には、子ども時代は失読症あるいは、知的遅れを指摘される研究者が多いことはアインシュタインのみでなく有名なことであるとウェストは述べています。

この3人の偉大な科学者、アインシュタイン、マックスウェル、ファラデーに共通するのは、社会的無知に関係する単純さ、名誉や報酬に無関心であること、一方、誠実でどこまでもずるさがないことと研究対象に対する深い敬意、そしていずれも宗教に真摯な関心を持っていた、と述べています。

ウェストは他にも優れた創造的業績をあげた複数の人物の生活史やエピソードの分析を通して、彼らの多くに共通するのは、視覚的思考と視覚的想像力の強みであり、併行して知的問題、学習上の問題を抱えていたという事実から、創造性を生む背景に神経学的変異を想定し、認知神経科学者であるガラバーダ（Albert Mark Galaburda）の研究によって説明を試みています。すなわち、

①失読症（学習障害）の人は、慣習や法則が必要となる領域よりも革新や創造性が必要な領域できわめてうまくやれる。
②失読症の脳は左右両半球の大きさがほぼ同じで対称的で（普通の人は左半球の方が概して大きい）、その結果、普通の人では解決できない問題を容易に解決し、反面、普通の人が解決できることができない。

ガラバーダは、失読症の存在について、人類の遺伝子をより多彩にし、問題解決の可能性を高める、という人類の進化の視点から説明しており、そこからウェスト自身は、特別な才能は、不可解な障害や欠点に隠されていることがあまりにも多く、ある種の特別な創造的才能は本当に稀なわけではなく、発見され育まれることが稀なだけかもしれない、と結論づけています。

このことは、筆者らが研究から得た仮説——創造性につながるかもしれない潜在する優れた能力を見い出し育てることの重要性——に共通するものがあると考えています。

ウェストが対象とした「天才たち」は顕著な能力の凸凹を示しており、特に視覚イメージ操作や思考がすぐれている一方で、言語能力や一般的な社会性の欠如、あるいはかんしゃくなど、いわゆる「発達障害圏」においてしばしば「適応上の問題」とされる特性を有しています。また、現代社会に貢献する創造的業績を挙げた著名人として名高いビル・ゲイツは天才的なプログラマーで、多くのソフト開発やマイクロソフト社の創業を始め、コンピュータを世界中に普及させた天才ですが、彼は子ども時代に発達障害の診断を受けていたと言われています（三浦、2019)。

こうしてみてくると、優れた発見・発明・創造的業績を挙げた人物は、多くがいわゆる「普通の人物」で

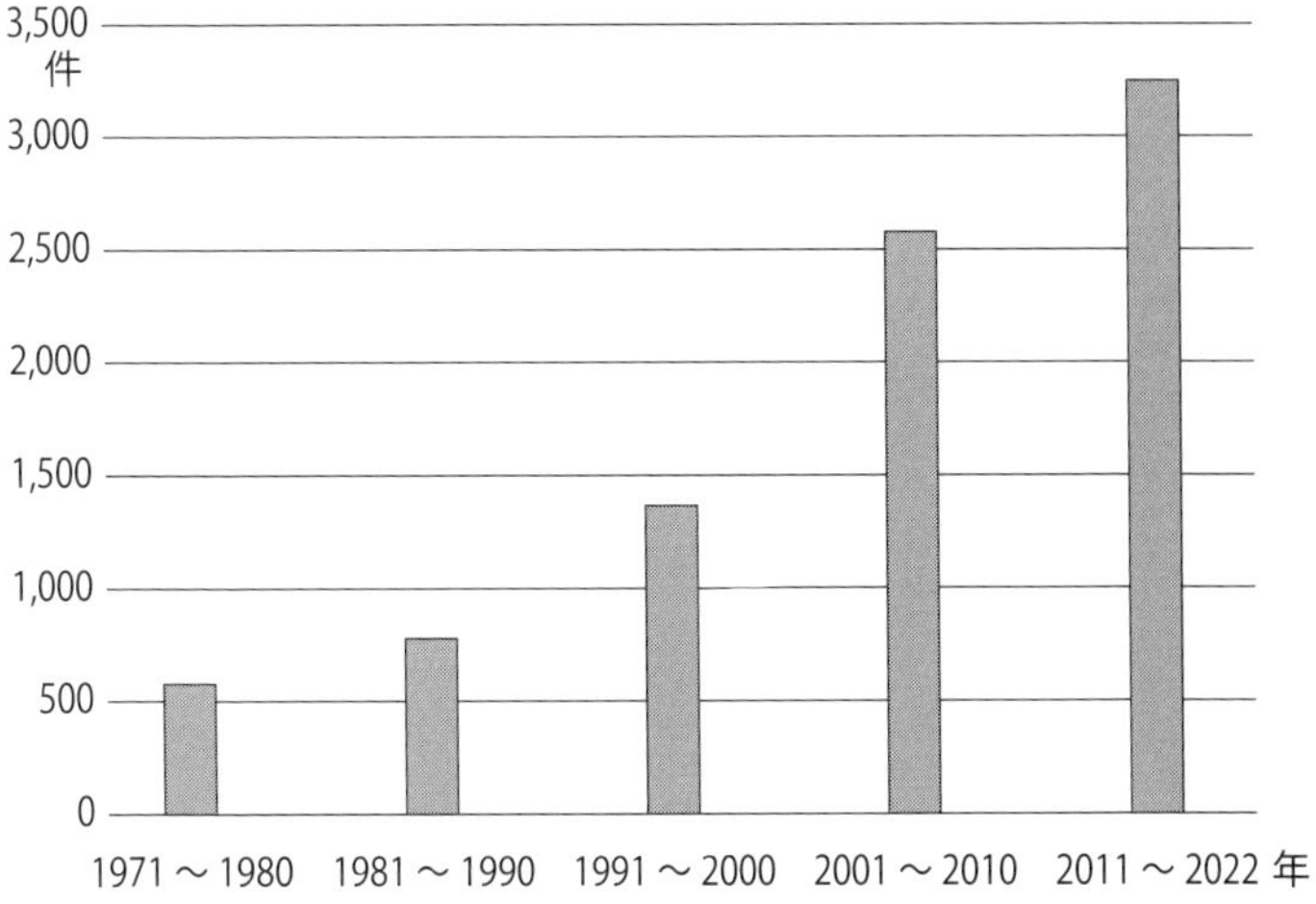

図 4-1　Cinii による「創造性」検索結果

はなく、日常生活では「不適応」を抱えたり「障害児」であったり、ある能力は驚くほどの弱みであったこと、が数々示されてきたと言えます。

一言で言えば「創造的であることと普通であることとの両立は難しい」ということです。その点では、筆者らの理系研究者を対象とした研究においても、心理検査やインタビューの語りの随所に、そうした傾向を見て取ることができると思います。

われわれの考える創造性

図４‐１は図３‐１でも紹介した研究データベースのCinii において「創造性」というキーワード1単語のみでヒットした件数を年代別に示したものです（Cinii, 2023）。一九七〇年代には５８０件であった検索数が直近では3，245件と5倍以上になっています。特に二〇〇一年以降は著しい増加傾向にあります。背景には、これまでも説明してきたように、創造性研究において「組織、システム」という視点が導入されてきたことを始め、企業・社会・組

織の改革の機運とそれに伴って「創造性」への期待が高まったこと、教育分野における「創造性開発」「創造性育成」の視点導入など、多くの社会的要因があるものと思われます。

こうした創造性の流行の中で、着実に真摯に学術研究として「創造性とは何か」を追求する基礎研究もたくさんあります。ちなみに、上の表の内訳において「研究プロジェクト」の項では、一九七〇年代はわずか10件であったのが、二〇一一年以降は725件と驚異的とも言える増加を示しています。こうした傾向は、「創造性とは何か」を学術的に考えるという点からは、望ましい傾向ではないかと思います。

Ⅲ部で紹介する筆者らの研究を開始する際にも「定義をどうするか」についてさんざん議論しました。多くの研究上の定義を参考にした結果、おおむね共通する2点が見い出され、それに準ずることにしました。すなわち、一つは「これまでになかった新しいことやものの発見・発明につながる認知活動あるいは能力」ということです。そしてもう一つは「(発現されたものやことが) 社会や文化における価値や有用性を有する」ということです。この2つはマンフォード (Mumford, M. D., 2003) が創造性の定義としているものとほぼ同義です。

われわれの研究においては、この2つ「新しいことやものの発見や発明」「社会に価値があると認められること」を創造性の定義として進めましたが、本書全体で「創造性」という言葉を使用する場合には、引用文献がある場合には引用元の「創造性」定義を用い、他は、より広く『広辞苑』にある一般的な用語として「過去に存在しない新しいものを生み出すことやその能力」にしていることをご承知おきください。

第Ⅲ部　創造的人間に対する心理検査による接近

現役の創造的理系研究者と学生を対象とした，われわれの臨床心理学研究を紹介します。ここでは，研究のうち心理検査（投映法検査と知能検査）を用いて，創造的研究者の認知・思考・パーソナリティの特徴を分析した結果を紹介します。

第5章
理系研究者たちの個性的な創造性4タイプ

第Ⅲ部では筆者らが、創造性を解明するために行った心理検査による研究を紹介したいと思います。データ収集のために用いた検査は投映法と呼ばれる心理検査の中から、ロールシャッハ法（Rorschach Method）、バウムテスト（Baum Test）とＳＣＴ（Sentence Completion Test＝文章完成法）の3つ、および知能検査であるＷＡＩＳ - Ⅳ（Wechsler Adult Intelligence Scale、ウェイス）の計4つです。また、彼らの生活史に関するインタビューの方法として質的データ収集のための「半構造化面接」を実施しました（こちらの結果は第Ⅳ部で紹介します）。

調査協力者

調査協力者は、理系研究者10名（平均年齢47歳、33歳〜61歳）と、理系大学院性10名（平均年齢25歳、修士1年〜博士3年）でした。性別の要因を除外するために全員男性です。理系研究者の抽出基準として「創造性に優れている」という点から顕著な研究業績、当該分野の国際的受賞歴、特許件数および当該分野における他研究者の評価、などから総合的に判断しました。研究業績としては論文数が教授の場合には一〇〇本以上、受賞歴はノーベル賞や国際学会の学会賞などの大きな賞を受賞していること、特許に関しては、企業が保有する特許に関与した場合には、開発の中心となっていること、当該分野の他研究者の評価において「天才的発明・発見者」など高い評価を得ていることです。これらの基準を総合的に判断して、５名の「熟練研究者」と、この基準に準じ、熟練研究者の推薦を受けた５名の「若手研究者」、計10名の研究者を対象としました。また将来が有望な研究者の卵として熟練研究者から推薦された修士課程１年から博士課程３年までの理系大学院生10名を対象としました。

協力者に対しては、初回に口頭で検査目的を説明し、匿名化の上データ公表の同意を得て実施しています。

調査内容

①知能検査

ある人が知能検査を受け、〝知能（指数）が高かった〟と聞くと、学校の勉強がよくできる、頭の良い人、というイメージを持つかもしれません。しかし、一概にそうとも言えません。ＷＡＩＳ‐Ⅳなどの知能検査で測定される知能指数は、認知機能、すなわち「人が外界の情報を受け取り、受け取った情報を蓄積し、それにより何らかの活動をする機能」を測定して便宜的に数字で表したものです。認知機能にはさまざまな種類がありますが、ＷＡＩＳ‐Ⅳでは、表５‐１の通り言語理解、知覚推理、ワーキングメモリー、処理速度４つの認知能力の側面についての得点を算出します。この４つの領域は、知的活動を行う際に重要とされているものではありますが、学業や社会で成功をおさめるためには、このほかにもさまざまな能力が必要です。つまり、知能検査で知的に高いとされても、それが現実場面での学業成績や頭の良さに直結するわけではなく、能力が何らかの形で表に現われるには知能以外の特性や環境が重要である点には注意が必要です。なお、WAIS-Ⅳでは、4つの指標の高低によって、受検者の知的能力の特徴、言い換えると、得意なところ、不得意なところはどこなのかを検討します。4つの指標が同程度の水準にある人もいれば、能力の凸凹が大きい人もいます。特定のパターンが望ましいということではなく、あくまでも受験者の特徴を把握し、その情報を受検者の豊かな人生のために活かすことが検査の目的になります。

②ロールシャッハ法

曖昧なインクのしみのような刺激図からなる10枚の図版を1枚ずつ提示して「何に見えるか」を答えてもらう心理検査です。曖昧な刺激に対して自由に回答する（絵を描くこともある）心理検査を総称して「投映法（投影法）」と呼びますが、その投映法の代表的検査とされています。「〜に見える」という回答（反応）を分析することによって、パーソナリティ、心的エネルギーと資質、外的刺激に対する解決方法の特徴、認知機能（知覚、情報処理、思考）の特徴、対人関係、自己イメージの特徴などを中心に、本人が意識していない、いわゆる深層の精神内界まで把握できるのが特徴の検査です。倫理的な観点から、本書で実際の図版を示すことはできませんが、どのような図版かをイメージしやすくするために、結果の項（79頁）で、模擬図版を掲載しています。

③バウムテスト

スイスの心理学者であるコッホ（Koch, 1952）によって体系化された描画検査です。白紙に鉛筆で樹木の

<table>
<tr><th colspan="2"></th><th>数値があらわすもの</th><th>創造性との関連</th><th>最終的に用いた指標</th></tr>
<tr><td rowspan="10">ロールシャッハ法</td><td>ΣC</td><td>刺激図の色彩の要因を重視した程度</td><td>環境からの情緒刺激に対する反応性</td><td>○</td></tr>
<tr><td>H%</td><td>人間に関する反応が反応総数に占める割合</td><td>他者への関心</td><td>○</td></tr>
<tr><td>総反応時間</td><td>1枚の図版にかかった反応時間の平均</td><td>集中力、粘り強さ</td><td></td></tr>
<tr><td>DEFENSIVE ATTITUDE</td><td>反応することへの慎重な態度を示す言語表現</td><td rowspan="2">細部へのこだわり、完璧主義</td><td>○</td></tr>
<tr><td>OBSESSIVE & CIRCUMSTANTIAL RESPONSE</td><td>刺激図を厳密に捉えようとする言語表現</td><td>○</td></tr>
<tr><td>FABULI-ZATION RESPONSE</td><td>反応内容に何らかの性質や感情を付与する言語表現</td><td rowspan="4">自己の論理の主張とその自信</td><td>○</td></tr>
<tr><td>PERSONAL RESPONSE & EGO-BOUNDARY DISTURBANCE</td><td>個人的で恣意的な思考に関する言語表現</td><td></td></tr>
<tr><td>ARBITRARY THINKING</td><td>恣意的な思考に関する言語表現</td><td>○</td></tr>
<tr><td>AUTISTIC THINKING</td><td>自閉的な思考を示す言語表現</td><td></td></tr>
</table>

注）日本版WAIS-IV刊行委員会（2018）および名古屋ロールシャッハ研究会（2018）を元に作成

表 5-1　創造性に関連があると考えられた 20 の指標

		数値があらわすもの	創造性との関連	最終的に用いた指標
WAIS-Ⅳ	言語理解	言語概念形成、言語推理、環境から得た知識	創造性の基盤となる知的能力	○
	知覚推理	知覚推理、流動性推理、空間処理、視覚と運動の統合		○
	ワーキングメモリー	情報を一時的に留め、その記憶を使って何らかの心的作業や操作を行い、結果を算出する能力		○
	処理速度	単純な視覚情報を素早く正確に読み込む、順に処理する、あるいは識別する能力		○
ロールシャッハ法	反応総数	産出した反応の総数	新しいアイデア数多く生み出す力、想像性	○
	R+%	形態知覚が正確な反応が反応総数に占める割合	さまざまな条件下での客観的で適切な判断力	
	Dd%	独特な領域を使った反応が反応総数に占める割合	独特な物事の見方	
	F%	刺激図の形態のみを要因とした反応が反応総数に占める割合	客観的な物事の見方	
	M	人間の運動反応	心的活動性と情熱	
	FM	動物の運動反応	内的欲求や衝動によって行動する傾向	
	m	物質の運動反応	原初的衝動性	

絵を描くという簡便な方法で実施できる投映法パーソナリティ検査の一つで、わが国では、病院や学校など幅広い臨床領域で用いられている心理検査です。本調査では「実のなる木」を１枚目に描いてもらい、２枚目に「夢の木」を描いてもらうという方法を用いました。教示は「夢の木、つまり想像した木、現実には存在しない木を、こんな木があったら良いなと思う木を、あなたの思うように描いて下さい」(Stora, 1975/2011) です。描画後には「描画後の質問」(Post Drawings Interrogation; ＰＤＩ) と呼ばれる「樹齢」「どんな木か」「木の過去」「木の将来」「立っている場所」などを質問し、描いた樹木について語ってもらいます。

④SCT

「文章完成法」という投映法の一つです。「私は……」「小さいとき私は……」というような簡単な刺激語が書かれており、そのあとに続く文章を自由に考えて記述する検査です。本人が意識している自己イメージ、家族イメージや、将来の志向性、心理的安定性などについて把握することが可能です。本調査ではわが国の臨床現場で最もよく用いられている「精研式ＳＣＴ」の成人用より、パート１の刺激語30項目を使用しました。

⑤半構造化面接（インタビュー）

心理検査の他に、生活史（幼少から現在まで）、家族、研究・研究環境および創造性について個別にインタビューしました。インタビューは半構造化面接という心理学研究の方法を用い、面接項目を統一し、その項目にそって自由に語ってもらい、逐語を起こすという方法で行いました。具体的な質問項目は、「人生最初の記憶」「幼児期・小中学校・高校・大学・大学院時代の生活、対人関係、研究生活」「大学院修了後の研究生活」「家族（家族構成、家族成員の性格、家族との関係）」「現在の研究環境」「創造性とは何であると思うか、自分の創造性について」「創造性の育成に必要なこと」でした。

以上の調査をすべて静穏な部屋において個別に調査者（筆者らのうち1名）によって実施しています。調査は筆者らが所属する大学院研究科における研究倫理委員会に計画書を提出し、承認されたのちに実施しました。

結果の事例については本質を変えることのないように複数のデータを組み合わせた架空事例として提示し、具体的な反応内容や質的データはそのまま公表しています。これらは、協力者の了解と協力を得て公表するものです。

なおこの調査は、筆者らの「創造性に対する臨床心理学的接近」研究の基礎調査途上の分析結果であり、一般化することには限界があることを最初に断っておきます。しかし、そのことを差し引いてもなお、豊かな示唆を与えてくれる結果の数々が得られたと考えています。

創造性の個性的な4タイプ

心理検査データから筆者らは彼らをグループに分ける試みを行いました（山内ほか，2023a）。この分析に用いたのは数値データが得られる知能検査（ＷＡＩＳ－Ⅳ）とロールシャッハ法です。誤解のないよう付け加えると、臨床の場面で実際にこれらの検査を用いる際には、数値のみで解釈が行われるのではなく、受検時の様子や回答以外の語りなど質的データもクライエントや患者を理解するための重要な手がかりとして用いています。筆者らは創造性に迫る試みとして、これまでの創造性に関する理論や研究結果と照らし合わせて、WAIS‐Ⅳとロールシャッハ法で算出される指標の中から創造性に関連すると考えられる20指標を選び分析しました。用いた指標を表5‐1に示します。これまで述べてきたように、創造性は未だ解明されていない部分が多いことから、まずはできるだけ多くの指標を含める方針で選定を行いました。

この20指標にもとづき、クラスター分析（Ward法）という統計的手法を用いてグループ化を行いました。クラスター分析は、データにもとづいて「似た者同士」をグループ化していく手法です。今回用いたWard法は、分析開始時には1クラスター＝1人とし、その時点で最も距離の近い2つのクラスターを融合させることを繰り返して、クラスター数を少なくしていくという手続きをとります。今回は対象者が20名と多くなく、選定した指標も試行的なものであったことから、解釈可能性を念頭に対象者間で差が少ない指標を除いていき、最終的に11指標によって20名が4つのクラスターにまとまった結果を採用しました。表5‐1の「最終的に用いられた指標」に○が入っているものが、その11指標です。

11指標は、大きく分けると5つの面から捉えられます。すなわち、知的能力の高さ（WAIS‐Ⅳの4つの指標）、新たなアイデアを数多く産出する力（反応総数）、環境からの情緒的な刺激に対する反応性（ΣC）、他者への関心（H%）、質の高さや細部へのこだわり（DEFENSIVE ATTITUDE, OBSESSIVE & CIRCUMSTANTIAL RESPONSE）、独特な見方・考え方とそれに対する自信（ARBITRARY THINKING, PERSONAL RESPONSE & EGO-BOUNDARY DISTURBANCE）の5つです。ギルフォード（1950）は（3章参照）、創造性に重要な拡散的思考の柱として、「思考の流暢性（発想の数の多さ）」「柔軟性（発想の多様さや柔軟さ）」「独自性（発想の非凡さや稀さ）」を挙げていますが、筆者らの研究において用いられた11指標にもこれらの要素が十二分に含まれていると考えられます。また、チクセントミハイが創造性を高める要素の一つとして取り入れた「チーム」や「組織」という視点についても、人への関心という形で含まれていると考えられます。

一方で、これまで創造性との関連が指摘されてこなかった要素の重要性も示唆されました。それは、DEFENSIVE ATTITUDE と OBSESSIVE & CIRCUMSTANTIAL RESPONSE の2指標が示す、質の高さや細部へのこだわりです。ロールシャッハ法では例えば、「○○に見えます。でもこの部分は少し違います」（DEFENSIVE ATTITUDE）あるいは「このでっぱりをなしにすれば○○に見えます」（OBSESSIVE & CIRCUMSTANTIAL RESPONSE）といった言語化で表現されるものです。ロールシャッハ法の刺激図は曖昧なインクのシミであり、完全に何かに一致するということはあり得ませんが、多くの人は（一般的には）多少の不一致は気にせず「人に見えます」「リボンに見えます」と言い切ります。この少々のことを妥協したり見逃したりしないで、そこにこだわるという特徴が、理系研究者の創造性には重要な役割を果たすのかもしれません。

では、これらの指標を使って20名がどのように分かれたのかを見ていきましょう。第1クラスターに3名、第2クラスターに5名、第4クラスターに8名、第4クラスターに4名の対象者が分類され、それぞれのクラスターを「創出型」「解明型」「途上型」「潜在型」と名付けました（図5-1）。各クラスターの検査結果を図5-2、表5-1に示しました。なお、ロールシャッハ法の指標の一般人における平均値は、81頁をご参照ください。ここではクラスター指標および知能検査結果によるそれぞれのグループの特徴をまとめます。

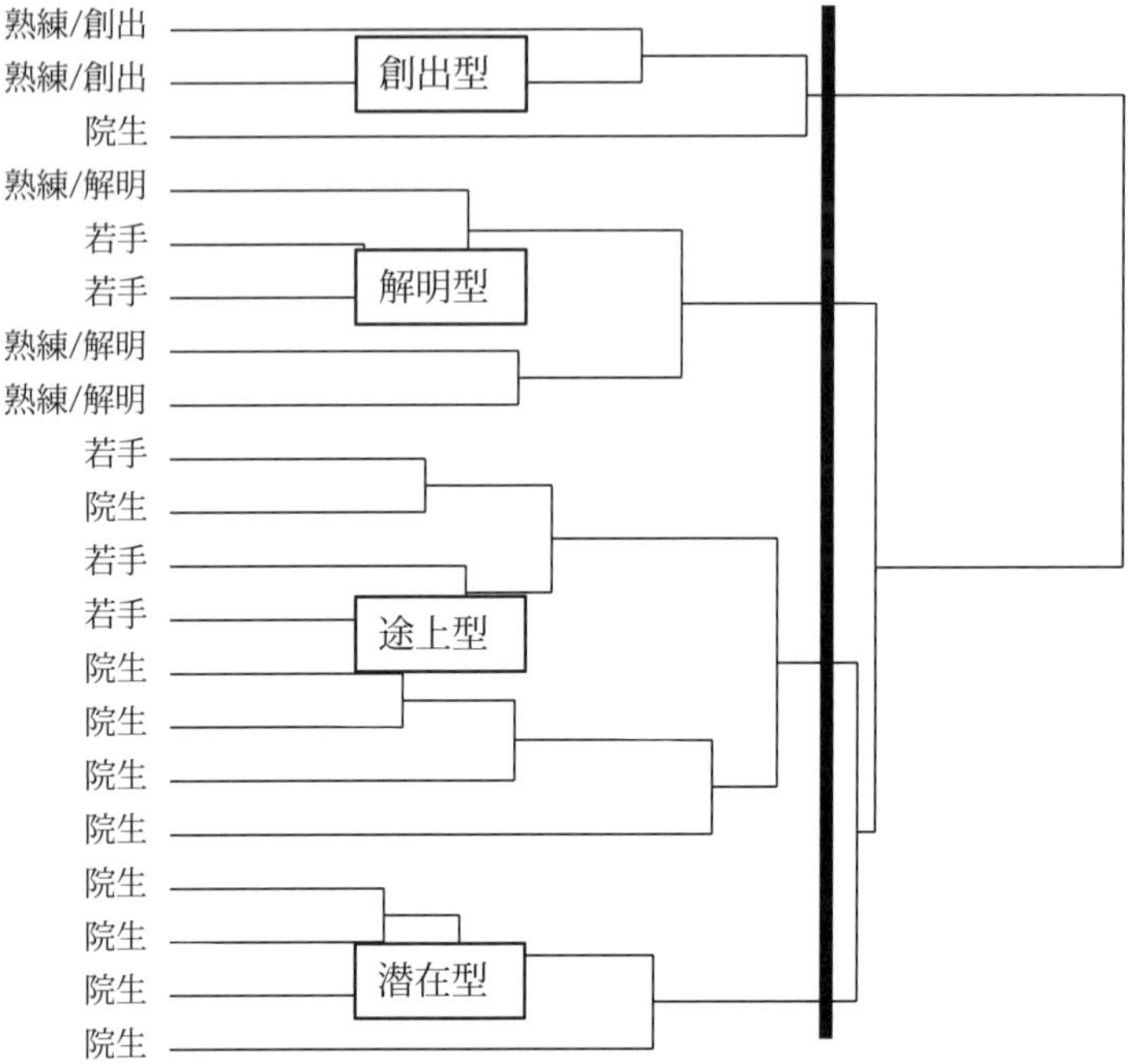

図 5-1　クラスター分析結果

①創出型（3名＝平均年齢45・7歳）

熟練研究者2名と大学院生1名によって構成されたグループです。この熟練研究者2名は、新たな技術や素材を生み出す研究において極めて優れた業績を有していることから「創出型」としました。

一般人におけるWAIS‐Ⅳ指標の平均値は100ですが、言語理解、知覚推理、ワーキングメモリーの数値が高く、知的に非常に高いグループであることが見て取れます（図5‐2）。また、ロールシャッハ法では反応総数、FABULIZATION RESPONSEが多く、拡散的思考が得意で、独特な見方をし、かつ、それに自信を持っている、という人物像が浮かび上がってきます。新たな技術や素材を生み出すにあたって、高い知性を基盤に新しいアイデアを次々に創出するグループと言えます（表5 - 2）。また、H％も十分にあり人への関心が高いことから、グループや組織での研究を進める素養も十分にありそうです。

②解明型（5名＝平均年齢47・8歳）

熟練研究者3名と若手研究者2名で構成されたグループです。熟練研究者3名は、物質の性質を解明する研究において極めて優れた業績を有していることから「解明型」としました。

11の指標を見てみると、創出型と同じように、WAIS - Ⅳにおける言語理解、知覚推理、ワーキングメモリーが非常に高い値を示しています。一方ロールシャッハ法では、反応総数、ΣCはやや低めか標準的な水準ですが、DEFENSIVE ATTITUDEとH％が高く、次々とアイデアを生み出すというよりも、冷静に、かつ細部にこだわりながらコツコツ研究を進める、という特徴がありそうです。また、創出型同様H％が高いことから、他者への関心も高いと言えます。

創出型・解明型に共通する「高い創造性を支える基盤としての知的能力」

図5 - 2をみれば、創出型、解明型の知的能力が突出して高いことは一目瞭然です。WAIS - Ⅳの合成得点は100を平均とし、±10の範囲の中に50％の人が分布するように設定されています。130以上は上位2・2％に位置することから、創出型、解明型グループの言語理解、知覚推理、ワーキングメモリーの平均値である120〜130が高い水準であることが示されています。熟練研究者の優れた創造性の基盤には、高い知的能力があると言ってもよさそうです。

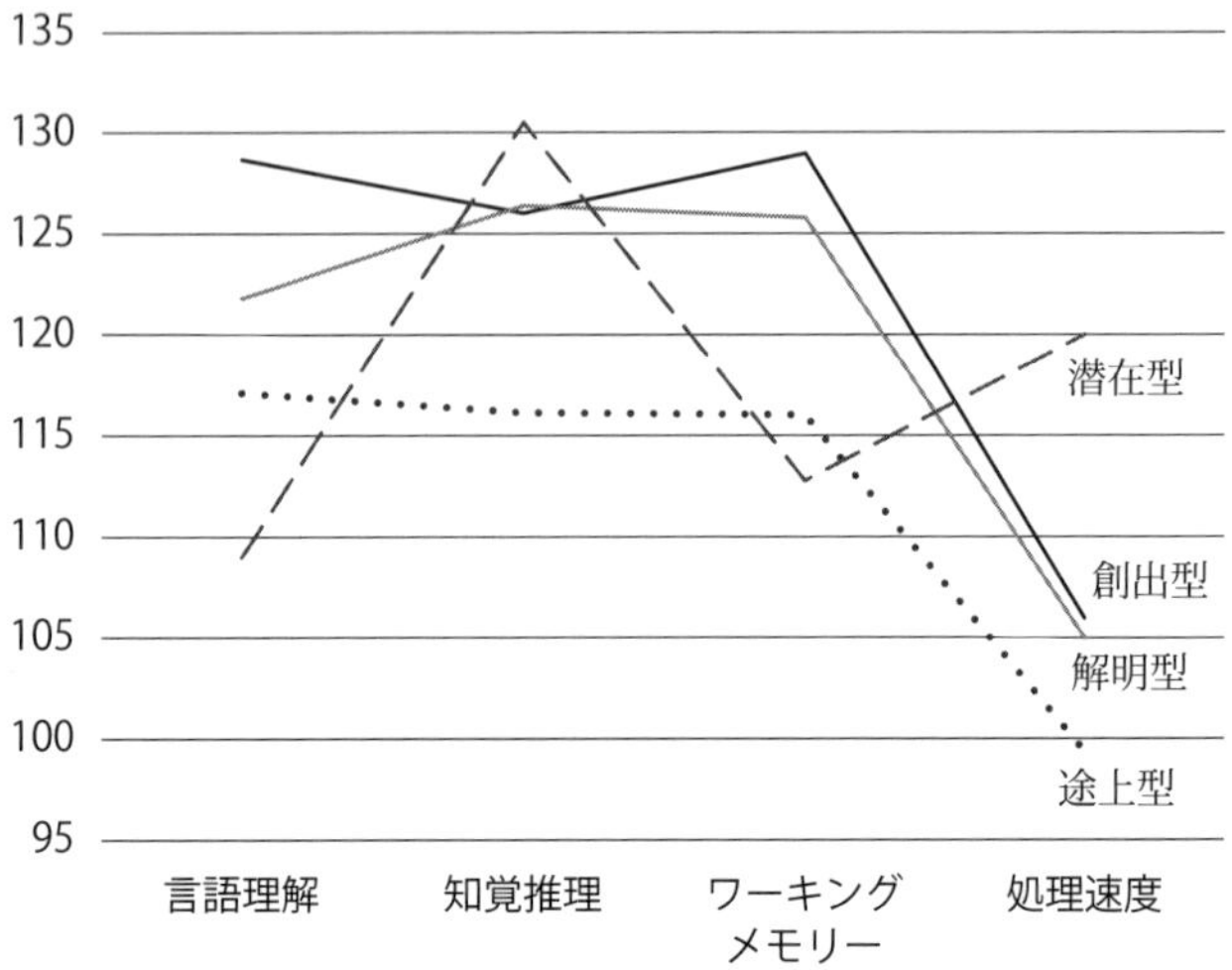

図 5-2　理系研究者・大学院生における WAIS- Ⅳの結果の概要

表 5-2　理系研究者・大学院生におけるロールシャッハ法の結果の概要

		創出型	解明型	途上型	潜在型
反応総数（一般平均は 24 個）		76.7 個	22.8	27.6	34.5
H%（一般平均は 24%）		28.0%	32.4	14.3	6.8
Σ C		6.3*	1.6	4.4	3.3
思考・言語カテゴリー	DEFENSIVE ATTITUDE	5.7 個	10.8	5.5	5.3
	OBSESSIVE & CIRCUMSTANTIAL RESPONSE	3.7 個	1.0	1.6	1.3
	FABULIZATION RESPONSE	23.3 個	7.0	6.6	10.8
	ARBITRARY THINKING	11.7 個	7.2	3.1	8.3

* Σ C：87 頁参照

創出型、解明型の知的能力の特徴として共通するのは、言語理解、知覚推理、ワーキングメモリーが高く、処理速度は一般の平均に近いというパターンを示している点です。表5-1の通り処理速度は、単純な情報の正確な読み込み、処理、識別がいかに素早くできるかを示す値です。検査後に行ったインタビューで処理速度を測る課題について尋ねたところ、熟練研究者たちは口々に「間違ったら一巻の終わり」「早くやるよりも正確に。それが大事」と、速さではなく、正確さ、緻密さを重視したことを教えてくれました。併せて、彼らが遂行する研究では、ちょっとした誤りが研究を台無しにしてしまうこともあることについても触れています。処理速度が他に比して低いことは、熟練研究者が専門家としてその分野に欠かせない能力を発達させていった結果である可能性も考えられます。もちろん、熟練研究者が生来このようなパターンを持っていた可能性もあります。いくつかの文献は、言語理解、知覚推理、ワーキングメモリーが高く、処理速度が低いこのパターンが、ギフテッドの人々に共通するものであると指摘しています（例えばPsychological Corporation, 2008）。これについてリヒテンバーガーLichtenbergerとカウフマンKaufman（2012）は、ギフテッドの人々は速度よりも熟考することや正確さを重視し、課題を最善の形で遂行することに関心がある、としています。速さよりも正確さへのこだわりという可能性も考えられます。いずれにせよ、理系分野において優れた研究成果を発揮するにあたり、高い知的能力と、正確さや緻密さを追い求める特性の両方が重要であると言えるかもしれません。

③途上型（8名＝平均年齢29・8歳）

若手研究者3名と、大学院生5名で構成されており、創出型、解明型に比して平均年齢が20代と若く発展途上と考えられることから「途上型」としました。

このグループの特徴は、言語理解、知覚推理、ワーキングメモリーがおおむね同じ水準であり、それに比して処理速度が低いという知的能力のパターンが、創出型、解明型と共通しているという点です。ただし、創出型、解明型と比べると全体的にやや低い値を示しています。しかし、処理速度以外では１１５前後（上位約16％）を示しており、やはり高い知的能力を有するということには違いありません。この点について筆者らは、途上型に含まれる若手研究者や大学院生が、今後の研究者としての発達過程でさまざまな知識、スキル、経験を獲得し、それが知的能力に反映され、研究者として熟達していくのではないかという仮説を持ちました。知的能力の水準は生涯大きく変化することはないという見方もある一方で、領域固有の専門的な能力は発達していくという指摘もあります（Feldman, 1994）。

また、途上型のロールシャッハ法で目立つのは、H％が低く他者への関心が薄いという点です。チクセントミハイやガードナーが指摘するように、創造性を発揮するにあたって組織やチームの力が重要であるとすれば、優れた理系研究者の素養（知的能力のパターン）を有する若手が、人と相互作用しながら研究に取り組むことで能力の獲得や対人関係の発達が進む可能性は十分考えられます。熟練研究者たちは「徐々に人と一緒に何かやることに目覚めた」「○○さんの言葉がきっかけでこの道に来た」など、研究人生の初期には薄かった人とのかかわりが徐々に増えてきたことや、誰かに言われた一言が研究人生の岐路になったことを語っています。ここに途上型グループの熟達化を促し、よりよく創造性を発揮させるためのアプローチの糸口があるのかもしれません。

④潜在型（4名＝平均年齢25・5歳）

大学院生4名で構成されたグループです。一つのグループとしてまとまっていますが、他のグループとは少し性質が異なり、4名の個人間差が非常に大きいグループでした。この中には研究者志望ではない学生も含まれ、研究以外で光る能力を発揮する可能性も高いことから「潜在型」としました。4名ともそれぞれに優れた点があるのですが、共通している点として、H％が極めて低いことが挙げられます。ロールシャッハ法では、多くの人は人間の姿やその動きを見るのですが、一度も人間について言及しなかったり、人の一部分（手や足など）だけを見るなど、人とかかわりながら何かをすることが少し苦手なグループと言えるかもしれません（これについては、第6章「ロールシャッハ法の結果」で詳述します）。

WAIS‐Ⅳでは上述の3つの型に共通する知的能力のパターンを示しておらず、また、知的能力の凸凹に個人差が大きいことが特徴でした。すなわち、それぞれに異なる形で優れた能力を有しているということです。この2つの事実から筆者らは、言語理解、知覚推理、ワーキングメモリーが高く、それに比して処理速度が低いパターンは、理系研究者や研究者を志す人々が共通して持つ特徴なのではないかと推測しました。逆に、潜在型に分類された大学院生は、研究者とは異なるさまざまな場で今後能力を発揮する可能性を持つ大学院生たちとも言えるのではないかと考えています。

まとめ

以上、クラスター分析によって抽出された創出型、解明型、途上型、潜在型の特徴について紹介しました。すでに優れた業績を有し、創造性を存分に発揮している熟練研究者はいずれも高い知的能力を基盤としつつ、速さよりも正確さ、緻密さを求める志向が強く、若手研究者においても同様の傾向がみられました。一方、高い能力を持つが研究者を志さない大学院生ではこのパターンは見いだされませんでした。理系研究者としての創造性を発揮するにあたり、ＷＡＩＳ‐Ⅳ結果の観点からは、言語理解、知覚推理、ワーキングメモリーが高く、処理速度が低いパターンが鍵となるとともに、研究に取り組む中でこれらの能力が発達していく可能性が示唆されたと言えます。

第6章

ロールシャッハ法からみるパーソナリティ・認知・思考

本章では、ロールシャッハ法の結果からみえてくるパーソナリティと認知・思考特徴について説明します。その際、対象全体の特徴およびクラスター分析による4タイプの特徴を紹介し、理系研究者の創造性と創造性育成についてのヒントを考えてみたいと思います。模擬図版を図6-1～6-3に示しました。実際とは異なりますが、ここでは理解しやすいよう、模擬図版を用いて実施したものとして説明します。ロールシャッハ法の分析法には世界中にいくつかの技法がありますが、筆者らは名古屋大学式技法（以下、名大法）を用いています。検討においては名大法における各指標の標準値（名古屋ロールシャッハ研究会、2018）、包括システムにおける各指標の現代日本人標準値（西尾ら、2017）などを参考としています。結果の概要を表6-1に示しましたので、適宜、表6-1を参照してください。

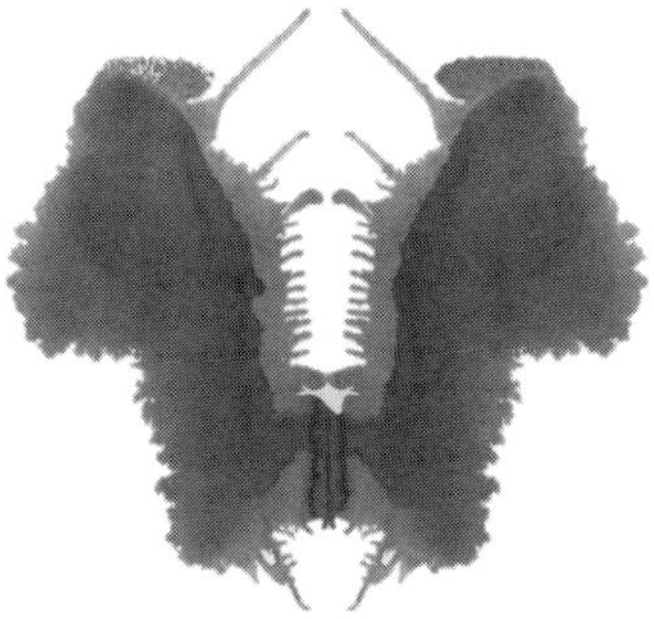

図6-1　模擬図版①

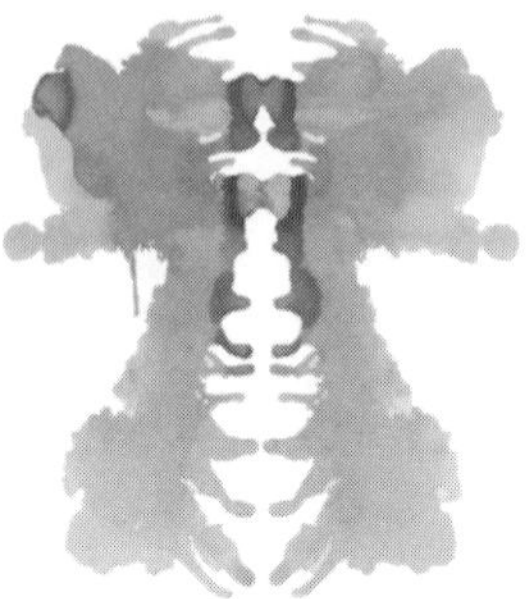

図 6-2　模擬図版②

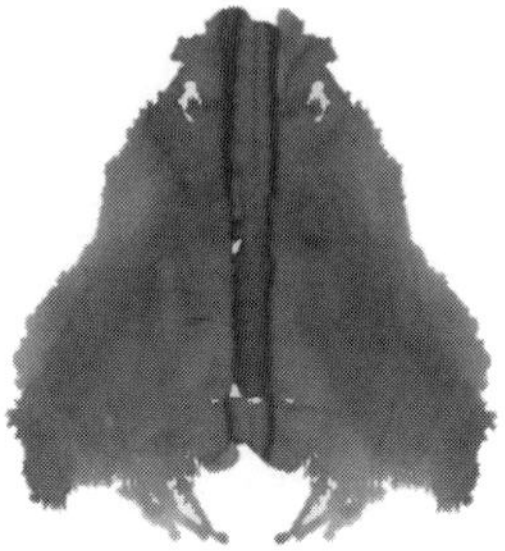

図 6-3　模擬図版③

全体のロールシャッハ特徴

彼らの特徴を一言で言えば、「常識から離れた物の見方」をしている、ということです。すなわち「これまでにない斬新な視点」をもっている一方で、一般とは異なる捉え方をしているために、日常生活において何かつまずいてしまう可能性があります。読者の皆さんは、図６‐１をみて、何にみえると思われるでしょうか。一般によく認められる反応は、例えば、図６‐１の左右に羽根があると捉えて全体を「蝶」とみるというものです。しかし、解明型に分類された熟練研究者の一人は、図版の向きを上下反対にして、左右に出っ張った部分を腕、中心部分を胴体と捉えて「女性の埴輪」をみました。「埴輪」という反応だけでもめったに産出されない珍しい反応ですが、「女性の埴輪」は稀な反応です。このように、彼らが産出した反応の多くが、一般的な見方とは異なる（ズレている）ことが明らかになりました。少し詳しくなりますが、その根拠を以下に紹介します。ロールシャッハ法には、R＋％やPという指標があります。R＋％は、産出された反応の形態がインクブロットの形態と一致していると考えられるか否かを測る指標、すなわち常識的な形態知覚の程度を表す指標です。数値が高いほど、常識的で現実的な物の見方

表 6-1 理系研究者・大学院生におけるロールシャッハ法の結果の概要

	ロールシャッハ法の主な指標の平均値										
理系研究者・大学院生の分類	反応総数	初発反応時間（秒）	反応時間/1枚（秒）	R＋%	P	Content Range	M	FM	ΣC	H%	pureH
創出型	76.7	6.8	208	42.7	3	19.3	9	11	6.3*	28	7.5
解明型	22.8	21.5	102	45.4	3	9.8	3.3	4	1.6	32.4	2.2
途上型	27.6	11.5	77	45.1	3.1	11.3	3.1	3.6	4.4	14.3	1.3
潜在型	34.5	10.3	67	44.5	2	13	0.8	4.3	3.3	6.8	1.3
一般人	23.5***	12.2***	–	80～90**	5以上**	10**	4.0***	3.7***	3.2***	24.1***	3.1***

* 創出型の大学院生1名のΣCは12.5であり、それ以外の熟練研究者のΣCの平均は3.3であったため、創出型のΣCを顕著な特徴としていない

** 名大法における日本人の標準値（名古屋ロールシャッハ研究会、2018）

*** 包括システムにおける現代日本人の標準値（西尾ら、2017）

ができる人ということになります。R＋％は一般的な成人の場合、80〜90％程度、つまり、10個の反応のうち8〜9個は現実に合致する形態の知覚をするといわれています。しかし、彼らの中にこの水準に達した人は1人もおらず、平均すると50％を下回っていました。さらに、ロールシャッハ法では、6人に1人が共通して産出する反応はP（Popular）反応と呼ばれており、それがいくつみられるかをP指標で表します。つまり、Pが多いということは、それだけ一般成人が共通して答える反応を産出している、ということになります。名大法では、一般成人のP反応は5個かそれ以上認められるとされていますが、彼らのPは顕著に低く、平均2・9個でした。

こうした理系研究者集団（大学院生を含む）が全体に「現実とは違う物の見方をする傾向にある」という点は、筆者らは予想できず、ある意味、数値上では衝撃的な結果でした。

次に、各タイプの特徴を見てみたいと思います。

創出型——内面からほとばしる独特なひらめき（表6‐1）

ロールシャッハ法からみた創出型の主な特徴は次の5点です。

①時間をかけてたくさんアウトプットする。
②物事を多面的に捉える。
③自分の内的欲求や衝動にしたがって振る舞う。
④時に直観的にひらめく。

⑤主観的かつ恣意的な見方をしていて、かつその正しさに自信をもっている。

　まず、創出型の1つ目の特徴は、時間をかけてたくさんアウトプットすることです。ロールシャッハ法では、10枚の図版における反応数の合計を反応総数と呼びますが、反応総数の日本人平均は約24個とされています。これに対して、創出型の平均は76・7個であり、これは驚異的な反応総数です。また、反応総数が非常に多かったことも関係しますが、1枚の図版にかけた（すなわち見続けた）反応時間の平均は208秒で、4タイプのなかでも顕著に長いものでした。創出型研究者は、実験などを繰り返し実施することで、貴重な研究成果を得ていますが、その背景には、「とにかくやってみよう」の精神を大切にし、粘り強く何度も試行錯誤を行おうとするパーソナリティがあると言えそうです。

　2つ目の特徴は、物事を多面的に捉えることです。ロールシャッハ法には、物の見方の多様性に関して、Content Rangeという指標があります。これは、反応内容の種類がどれくらいあるかを示すものです。この指標を算出するとき、例えば、「熊」と「亀」の反応が出されたとすると、これらは動物として1種類とカウントされるといったように、反応を所定の種類ごとに数えます。10枚の図版におけるContent Rangeの一般人の平均は10前後と言われていますが、創出型のContent Rangeの平均は19・3であり、これもまた非常に多くなっています。ここから、創出型研究者は、「こう考えることができるかもしれない」「違う捉え方をするとどうだろう」というように、柔軟にさまざまな見方をすることが可能であると言えます。

　3つ目の特徴は、自分自身の内的欲求や衝動にしたがって振る舞いやすいということです。多くのアウトプットや多様な見方といった創出型の特徴は、周りに影響された結果というよりも、自分の内側から湧いてくる着想をもとにしていると考えられます。ロールシャッハ法では、「コウモリが飛んでいる」など、実際には動いていないインクブロットに対して運動を含んだ反応が出されることがあります。人間が運動している反応をM、動物が運動している反応をFMとスコアしますが、MやFMの数が多いと、内的欲求や衝動から行動しやすいと判断されます。MやFMの日本人平均個数はそれぞれ4・0個、3・7個と言われていますが、創出型のMは平均9個、FMは平均11個であり、彼らの反応数が多いことを考慮に入れても、これらは内的欲求の表出の強さを示すと考えられます。さらに、創氏が、反応の説明のなかで「ガーッと開いている」「ピョンピョン跳んでる」などと述べたように、創出型では、運動を表す反応でも特に強度の大きなものが目立っていました。創出型は、強い内発的な動機にもとづいて行動する傾向が高いと考えることができます。

さらに、ロールシャッハ法の創始者であるロールシャッハ（1921）は、Mの数は「内面的創造の能力」の指標であると論じています。ロールシャッハ法研究で著名なシャハテル（Schachtel, 1966）は、運動反応と創造性の関連について「自分自身の『生命』を反応に吹き込んだものという意味でMは『創造的体験の能力』を表している」と述べています。これらから、Mの数が非常に多い創出型は、過去から現在に至るまでの自身の経験、感情、思考などを総動員することによって新たな着想（創造）を得ていると言えます。

４つ目の特徴は、時に直観的にひらめくということです。創氏は、図版の方向をさまざまに変えて「うーん」とうなりながら悩んだ後で「蓮の葉っぱの上に座禅を組みながら、もう一組の手で合掌している仏像」の反応を出しました。図版を見るやいなや、「おお、すごくきらびやかな女王様に見える」と反応しています。別の創出型の熟練研究者は、図版を見るやいなや、「あっ良いものを見つけた！」というような嬉しそうな表情をしながら反応するのが特徴です。このように、創出型研究者は、物事に向き合うなかで時にひらめき、自分自身で満足のいく考えを生み出すことができると考えられます。

5つ目の特徴は、主観的かつ恣意的な見方をしながら、その正しさに自信をもっているということです。名大法には、「FABULIZATION RESPONSE（作話的反応）」「ARBITRARY THINKING（恣意的思考）」という思考特徴を表す指標があります。「FABULIZATION RESPONSE（作話的反応）」は、例えば、単に「人間」という反応を出すのはなく、「男の人」「楽しく会話をしている人」などのように、修飾を加えた反応にスコアされます。創氏は、図6-2に対して「大きい鳥」と述べたうえで、「メキシコとかにいそうな、岩に掘ってある鳥の神様。小さな顔があって、ぶわーっと羽を広げている」という反応しています。図6-2の左右の部分を羽、中心部分を身体とみて、正面を向いた鳥がみえたようです。創氏によるこの反応は、単なる「鳥」ではなく、さまざまな点から相当に個性的に修飾されていることがわかります。このように、創出型のロールシャッハ反応には、「FABULIZATION RESPONSE（作話的反応）」のスコアが一般成人以上に顕著に多く認められました。すなわち、創出型は、物事を、現実に即してというよりも、自己の内部から湧き出る主観性を色濃く反映させてみるという特徴をもっていると言えます。一方、「ARBITRARY THINKING（恣意的思考）」は、作話の程度が進み、独りよがりとも思えるような考えにもとづく発言に対してスコアされます。創出型では、「ARBITRARY THINKING（恣意的思考）」のスコアも多く認められました。特にその下位スコアである「arbitrary belief」が創出型に多く見受けられました。図版は曖昧なものであり、本来であればどのようにみえてもよいのですが、「間違いない」「そうとしかみえない」などと確信をもって自身の反応について話した場合に「arbitrary belief」がチェックされます。創出型の熟練研究者の一人は、図6-3の図版をみて、「まさにウルトラQに出てくるケムール人」といい、図6-3の上部の左右にある白い部分を目に見立てて「ケムール人」の顔の反応を出しました。図6-3に対して「ケムール人」と答える人は、私の長いロールシャッハ経験でも一人もいませんでした。しかし、彼にとっては「ケムール人」にみえることは自明なようです。このように、創出型は、一般から考えると主観的すぎて恣意的とも思える捉え方をしながらも、その捉え方に強く自信をもっていると考えられます。

以上から、ロールシャッハ法からみると、創出型は、物事に対してさまざまな見方をして、そうした見方に疑問を抱くことなく自信をもって数多くのことにチャレンジしていく人々であると言えます。ロールシャッハ法における創出型の認知・思考特徴は、ギルフォードの創造性に必要な拡散的思考の3本柱に類似する特徴――「思考の流暢性＝反応数の多さ」「柔軟性＝反応種類の幅広さ」「独自性＝主観的・恣意的反応」の3本柱――を含むものと考えられます。それに加えて、反応に対する自信、内側から湧き出る強い欲求を示しています。筆者らは、これらの特徴をもつ認知・思考特徴を「拡張的思考」と名付けました。そして、ある時、突然良い考えが思い浮かぶことも創出型の特徴であり、こちらについては「直観的思考」と命名しました。創出型に特徴的な拡張的思考と直観的思考は、一言で言えば、非常に主観的で独りよがりとも思えるような考えをもとにしていることが示唆されます。

解明型――こだわりと非現実的思考から生まれるひらめき（表6-1）

ロールシャッハ法からみた解明型の主な特徴は次の6点です。

①じっくりみて考える。

②周囲からの情緒刺激に影響を受けにくい。
③自身の考えを自己批判的に捉える。
④時に直観的にひらめく。
⑤独特な物の見方をしていてその正しさに自信をもっている。
⑥非現実的な思考をもっていたり、ある考えに強くこだわっていたりするというような健常ではほとんどみられない特徴をもつ。

まず、「じっくりみて考える」ことについて説明します。ロールシャッハ法では、各図版を提示して、はじめの反応が出されるまでの時間を初発反応時間と呼びます。解明型の初発反応時間の平均は21・5秒でした。一方、一般人の初発反応時間の平均は12・2秒であるのに加えて、解明型以外の3タイプの平均は11・0秒でした。解明型は、最初の反応を産出するまでに、一般人や他の理系研究者・大学院生よりも長く時間がかかると言えます。解明型には、何らかのアウトプットに至るまでに物事をじっくり眺めて考える傾向があることがうかがえます。

2つ目の特徴は「情緒刺激の影響を受けにくい」ことです。ロールシャッハ法にはΣC（シグマC）という指標があります。これは、図版の色彩の要因がどれくらい影響して反応が産出されたかを示す指標で、周囲からの情緒刺激にどの程度影響されやすいかを表しています。一般成人のΣCの平均は3・2と言われていますが、解明型のΣCの平均は1・6であり、一般人の半分程度でかなり低いと言えます。すなわち、解明型の人は、周りの人にいろいろなことを言われるなどといった外からの情緒刺激に対して、あまり動じないパーソナリティを有していると考えられます。

３つ目の特徴は「自身の考えを自己批判的に捉える」ことです。解明型では、「DEFENSIVE ATTITUDE（防衛的な態度）」という指標のなかでも、「apology（self-critic）」のスコアが多くみられました。これは、「私は詳しくないのですが」「自信はないんですけど」のように弁明の言葉を伴って反応が産出される場合にスコアされます。解明型の人は、自身の考えの適切さに対して、「これでよいのだろうか」「誤っているかもしれない」などと吟味を頻繁に加えているのです。この点は、自身の考えにブレーキをかけずにどんどん物事を先に進めていく傾向のある創出型とは対照的です。

４つ目の特徴は、「時に直観的にひらめく」ことです。創出型と同じく、解明型研究者においても、ある瞬間に良い考えが思い浮かぶことが目立ちました。解氏は、図版を見るやいなや「これはもうベルクカッツェですよ」と反応し、楽しそうに科学忍者隊ガッチャマンに出てくるベルクカッツェについて説明しました。さらに、別の熟練研究者は、「これムーミンですよね（笑）。目が合う」と嬉しそうに反応しました。このように、解明型にも直観的思考の特徴が認められます。熟練研究者が全員創出型か解明型のどちらかに分類されていたことをあわせて考えると、理系研究者が創造性を発揮するには、直観的思考をもつことがいずれにしても大切であると考えられます。

５つ目の「独特な物の見方をしていてその正しさに自信をもっている」についてですが、解明型研究者は、「ARBITRARY THINKING（恣意的思考）」、特にその中の下位スコアである「arbitrary belief」がチェックされることが多く、これは独自な見方に対する自信につながる特徴です。この結果は創出型の特徴と合致しています。理系研究者が創造性を発揮するためには、ともすれば自己中心的とも思える独自の考えを信じることが大切であると言えるでしょう。

6つ目の「非現実的な思考をもっていたり、ある考えに強くこだわっていたりするというような健常ではほとんどみられない特徴をもつ」についてです。解明型には、「AUTISTIC THINKING（自閉的思考）」もしくは「REPETITION（反応の反復）」という一般成人にはほとんど認められない指標がスコアされる人が多くいました。「AUTISTIC THINKING（自閉的思考）」の「自閉」は、自閉スペクトラム症の「自閉」を表すものではなく、ロールシャッハ法における反応やその説明が非現実的であり、検査実施者側が反応や説明を理解することが非常に難しいことを示しています。「AUTISTIC THINKING（自閉的思考）」のスコアが多かったからといって、自閉スペクトラム症の傾向が高いことをそのまま意味しているわけではありません。「AUTISTIC THINKING（自閉的思考）」がスコアされた解明型の反応代表例としては「デビルマンになめくじが食われて一体になって飛んでいる」が挙げられます。このように、2つのものが融合的に認知されている場合にはこの指標がチェックされます。「AUTISTIC THINKING（自閉的思考）」がスコアされるということは、「ARBITRARY THINKING（恣意的思考）」がスコアされる場合よりも、さらにもう一歩、その考えについて周囲からの理解を得ることが難しくなること、すなわち「現実的ではない自己の論理」をもっていることを表しています。「REPETITION（反応の反復）」は、同じような反応がいくつもの図版で出されたことを意味しています。解氏は、10枚の図版のうち、3枚連続で「お尻」を含む反応を産出しています。ひとたび、あるイメージが思い浮かぶと、そのイメージが頭から離れなくなる傾向があることが示唆されます。これはある種のこだわりの強さと言えます。

以上から、解明型は、物事に対して一般には理解が困難なほどの独特な見方をもっていることがわかります。そうした独自の見方は、時に直観的思考によって生み出されると考えられます。そして、解明型は、その見方の正しさを、周囲からの情緒刺激に振り回されることなく、自己点検を繰り返すことによってじっくり時間をかけて見極め、自信をもって新しい物事を産出すると言えます。筆者らは、このような、考えの妥当性について自ら入念に精査することを「分析的思考」と名付けました。直観的思考に加え、思考の顕著な独自性と分析的思考の両立が解明型の特徴であると言えます。

途上型――独自の見方を抑制し、不満をかかえる（表６－１）

途上型の主な特徴としては次の４点です。

①創出型や解明型ほど物事に向き合うときの粘りがない。
②他者への関心が見えにくい（あるいは対人関係を回避する）。
③不満を中心に不快な感情を抱きやすい。
④比較的独自の見方をしにくい（すなわち、周囲からは浮かない一般的な見方をする傾向がある）。

創出型は反応総数の多さと1枚の図版にかかった反応時間の長さ、解明型は初発反応時間の遅れなどから、いずれのタイプも時間をかけて物事と向き合っていると考えられました。一方、途上型では1枚の図版にかかった反応時間平均は77秒であり、創出型（２０８秒）と解明型（１０２秒）よりも短いものでした。また途上型の反応数の平均は27・6個であり、これは解明型の平均22・8個より平均5個近く多かったのですが、

1枚の図版にかかった反応時間の平均は解明型よりも25秒近く短く、比較的短時間で刺激にあっさりと対処すると言えるかもしれません。

2つ目の「他者への関心が見えにくい（あるいは対人関係を回避する）」ことについてですが、ロールシャッハ法には、H％という指標があります。例えば「人が踊っている」というように人間の全体、あるいは「人の手」というように人間の一部が反応として出されることがよくあります。H％は、「魔女」などの非現実的な人間も含んだ人間に関する反応の数が全ての反応総数に占める割合を表す指標で、対人的関心の強さを示すものとされています。一般成人のH％の平均は24・1％と言われています。創出型と解明型のH％の平均はそれぞれ28・0％、32・4％であり、平均より高い数値でしたが、途上型の平均は14・3％と顕著に低くなっています。現実の人間全体像の反応がいくつ産出されたかというpureHの指標についても、途上型の平均は1・3個であり、これは一般成人平均の3・1個よりも極めて少ない数です。これらから、途上型の人は、他者への関心に乏しい、あるいは対人関係を回避する傾向があるのかもしれません。

3つ目の「不満を中心に不快な感情を抱きやすい」特徴ですが、ロールシャッハ法の分析には感情カテゴリーと呼ばれる指標が用いられます。途上型の若手研究者の一人は「爆弾が爆発して戦争になっている様子」という反応を産出していますが、途上型の反応には、攻撃的な感情を中心として不快な感情を伴うことが多く認められました。先ほどのH％の結果もふまえますと、途上型は、対人関係において、実際には過敏で、不満をはじめとして不快な気持ちを抱きやすいからこそ、人とあまり関わらないようにしているとも考えられます。このように、途上型は、創出型や解明型では見受けられなかった、人と親密になることをめぐる対人葛藤をもっている可能性が示唆されました。

もう一つの特徴である「比較的独自の見方をしにくい（すなわち、周囲からは浮かない一般的な見方をする傾向がある）」ことについては、対象全体においては、常識から離れた物の見方をもっている傾向がうかがわれ、これは途上型も例外ではありませんでした。一方、「ARBITRARY THINKING（恣意的思考）」の指標に関して言えば、途上型は、創出・解明型よりも少ないという結果でした。途上型には対人葛藤がみられたこと、創出型や解明型は自信をもって自分本位な思考を表明していたことをあわせて考えると、途上型は、周囲との摩擦を危惧し回避するために、他のタイプよりも、自己本位とも思えるような自分の思考の正しさを信じ抜くことが難しいと言えるのかもしれません。その結果、４タイプの中では、比較的一般的な物の見方に近い反応も認められたということになります。

以上から、途上型は、物事と向き合うときの粘りという点でも、自分が信じた恣意的な考えを貫くという点でも、あと一歩、創出型や解明型に及ばないという特徴があると考えられます。その意味で、筆者らはこのタイプを創造性発揮の発達途上であるという意味で「途上型」と名付けました。

潜在型――他者への関心が見えにくく、実は自分の見方に自信がある（表６-１）

最後は潜在型です。潜在型には研究者を目指していない、あるいは自分は研究者に向いていない、と語る大学院生も含まれていました。主な特徴は、次の３つです。

①物事に向き合うときの粘りに乏しい。
②他者への関心が見えにくい。

③独特な物の見方をしていてその正しさに自信をもっている。

潜在型の反応数の平均は34・5個であり、これは創出型の次に多い数でした。一方、潜在型の1枚の図版にかかった反応時間の平均は4タイプのなかでもっとも短いものでした。ここから、潜在型には、何らかの作業に取り組むときに素早く終える傾向があり、逆にいうと時間をかけて考えることをあまりしない、つまり、もっとも粘りに乏しいタイプと考えられます。

さらに、H％の指標に着目すると、潜在型のH％は6・8％と途上型よりもさらに低くなっています。pureHも平均1・3個と途上型と同様に極めて乏しいという結果が得られました。潜在型は、途上型にもまして他者への関心が見えにくい可能性が示唆されました。

3つ目の「独特な物の見方をしていてその正しさに自信をもっている」については、「ARBITRARY THINKING（恣意的思考）」の指標が、創出型や解明型と同じように多く認められ、特に「arbitrary belief」が目立っていました。そのため、潜在型も、創出型や解明型と同様に、独りよがりとも思える見方をしていてその正しさに自信をもっていると言えます。ただ、創出型や解明型とは異なり、潜在型では、思考の主観性や客観的理解の困難に関する特徴は示されておらず、創出型や解明型ほどの思考の独自性は発揮されていないと言えます。

H％の結果をあわせて考えると、成功を収めている熟練研究者全員を含む創出型と解明型は、他者への関心が比較的高く、相手を気遣いながらある程度円滑に他者とコミュニケーションをとることができると考えられ、すなわち他者にも受け入れられる形で独特な物の見方を表明できるとも言えます。しかし、潜在型は、

表6-2　ロールシャッハ法からみる
理系研究者・大学院生のパーソナリティ，認知，思考

理系研究者・大学院生の分類	思考の特徴	思考の独自性	粘り強さ	対人関係
創出型	拡張的思考・直観的思考	◎	◎	○
解明型	分析的思考・直観的思考	◎	◎	○
途上型	未確立	△	○	△（葛藤がある）
潜在型		○	△	△（気に留めない）

他者のことをあまり気にしていないので、独りよがりとも思える考えをただ示すだけになってしまう可能性も考えられます。

以上から、潜在型は、創出型と解明型ほどではないものの、それでも独自性の高い考えをもっており、それに自信をもっているという意味で優れたポテンシャルを有していると言えます。ただ、現状では、物事に向き合う粘り強さに乏しいことや他者と協働的な関係性を結びにくいことが一因でそのポテンシャルを十分には生かし切れていないようです。さらに、潜在型には研究職を目指していない大学院生も含まれており、潜在型は、研究者とは異なる方面から社会で活躍できる可能性も十分もっていると考えられます。以上から、筆者らは、こうした一群を「潜在型」と名付けました。

まとめ

ロールシャッハ法からみる理系研究者・大学院生の各タイプのパーソナリティ、認知、思考の特徴を表6－2にまとめました。創出型と解明型の特徴からは、理系研究者の創造性を決定づける思考の種類として、拡張的思考、分析的思考、直観的思考の3種類があると考えられました。さらに、途上型と潜在型の特徴も含めて考えると、創造性の発揮には、

この3種類の思考に加えて、物事に対して粘り強く取り組むこと、自己本位とも思えるいわば「自己の論理」に基づく考えを信じ抜くこと、そして、そのような考えの重要性をうまく他者に伝えて理解してもらうことが肝要であると考えられました。

注

本章は、以下の論文の一部を大幅に修正したものを含んでいる。

田附紘平・松本真理子・髙橋昇・野村あすか・松浦渉（2022）創造性を有する理系科学者のロールシャッハ反応．ロールシャッハ法研究，26(1); 20-29.

田附紘平・松本真理子・野村あすか・松浦渉・山内星子・髙橋昇（2024）解明型研究を行う優秀な理系科学者の創造性—ロールシャッハとバウムを通して．心理臨床学研究，41(6); 565-571.

第7章 「実のなる木」描画検査に創造性は表出されるか？

バウムテストは臨床場面でも使用頻度の高い描画心理検査であり、一般的には描画とその後の語りから分析、解釈します。本調査では描画に表出される創造性を検討するために「印象評定」という方法を用いました。方法は「バウムテストに見られる創造性のカテゴリ評定（池・山本、2015）」を参考に「描画独創性」「描画巧拙度」「現実検討能力」「想像力」「柔軟性」「言語独創性」「言語説明力」の7項目（表7‐1）について5件法（あてはまる～まったくあてはまらない）で6名の臨床心理士（公認心理師）が評定し、評定平均値を算出しました。

印象評定の分析結果

1　創出型の描画は豊かな想像力が表出されている

解明型の「夢の木」に比べて創出型の「夢の木」の方が、より夢やファンタジーが感じられており、想像力が豊かであることが考えられました。ロールシャッハの結果でも示されたように、創出型では、さまざま

表 7-1　評定項目

	項目内容	説明
描画に関する項目	①描画独創性（実のなる木・夢の木）	常識にとらわれない新奇性やユニークさが感じられるか
	②描画巧拙度（実のなる木・夢の木）	描画表現技術が高いかどうか（筆運び，樹木のバランス，樹木の幹・樹冠・枝葉・実のつき方など）
	③現実検討能力（実のなる木）	現実検討されている描画かどうか
	④想像力（夢の木）	夢やファンタジーが感じられるか
	⑤柔軟性	２枚の描画において柔軟な変化がみられるか
言語表現に関する項目	⑥言語独創性（実のなる木・夢の木）	描画の言語説明において，空想されたイメージや新奇性，ユニークさが感じられるか
	⑦言語説明力（実のなる木・夢の木）	描画の言語説明は，詳細で，豊かに語られているか

な観点や視点からの発想につながる豊かな想像力を有していることを示唆していると言えます。

2　「夢の木」において、言語独創性の力が発揮される

「言語独創性」は創出型、途上型、潜在型の３タイプともに、「実のなる木」よりも「夢の木」の「言語独創性」が有意に高いことが示されました（表７-３）。これは、想像性を賦活する言語刺激に対して、独創的な思考やユニークな考えが言語によって表現され得ることを示唆しています。つまり、理系研究者においては、描画行為よりも言語表出の方が内側にあるイメージやユニークな思考を発現しやすい可能性が推測されます。一方、解明型には、こうした言語独創性において有意な差が認められませんでした。解明型研究者の創造性は描画行為やそれに伴う言語化においては創造的特徴が表れにくい、と考えることもできると思

表 7-2 タイプ間の差の検定

	創出型	解明型	途上型	潜在型		
	平均順位	平均順位	平均順位	平均順位	χ^2 値	多重比較
描画独創性（実）	13.50	7.50	12.00	9.00	2.86	
描画独創性（夢）	13.17	4.90	11.13	14.25	6.86+	
描画巧拙度（実）	11.17	9.10	10.81	11.13	0.39	
描画巧拙度（夢）	9.50	8.00	9.81	15.75	4.26	
現実検討能力（実）	10.83	10.80	10.50	9.88	0.07	
想像力（夢）	17.33	4.40	10.25	13.50	10.42*	創出型＞解明型
柔軟性	14.83	8.20	9.56	12.00	2.83	
言語独創性（実）	12.00	10.10	9.50	11.88	0.67	
言語独創性（夢）	15.33	6.40	9.31	14.38	6.57+	
言語説明力（実）	10.17	9.70	10.81	11.13	0.17	
言語説明力（夢）	12.50	7.50	8.69	16.38	6.41+	

＊1 $*p < .05$、$+p < .10$
＊2 Kruskal-wallis の検定、多重比較は Holm 法で実施

います。

次に各タイプの代表的バウム描画を紹介し、それぞれの特徴とバウムにみる創造性について考えてみたいと思います。なお描画は、公表の了解を得た上で、実際の描画を模擬図としたものです。

表7-3 「実のなる木」と「夢の木」の比較（有意差のあった項目抜粋）

		実のなる木		夢の木			
		M	*SD*	*M*	*SD*	*t* 値	
創出型	言語独創性	2.61	0.86	4.28	0.48	-4.80*	夢の木＞実のなる木
途上型	言語独創性	2.40	1.03	3.40	0.60	-3.07*	夢の木＞実のなる木
潜在型	描画独創性	2.17	0.71	3.54	0.93	-6.98*	夢の木＞実のなる木
	言語独創性	2.58	0.97	4.04	0.83	-3.37*	夢の木＞実のなる木

$^{*}p < .05$

創出型のバウムテスト：高い描画独創性と言語独創性

（描画説明の〈　〉は検査者の質問）

創出型研究者A氏です。図7－1は「実のなる木」です。A氏は「あんまりイメージが湧かないな」「葉っぱもないといけないですよね」「実のなる木か、実ってよくわかんないですね。リンゴ、こんな風についていないな（笑）」などと、呟きながら約4分で完成させました。描画後には、「〇〇学部を訪問した時に見たリンゴの木をイメージしました。大きな木があってリンゴがいっぱいなっている。〈樹齢？〉百年越えているんじゃないですかね。〈この木の将来？〉おいしいリンゴができて子どもたちが喜んで食べる。根っこがしっかりしていることを伝えたいですね。しっかり根付いていて、大地の栄養をしっかり吸い取ってリンゴにしている」と話されました。図7－2は「夢の木」です。「ここが蛇口になっていて、水が出てきて、子どもたちが飲んでいる。ここが海か湖です。こっちは砂漠。こっちからは魚が出てきて、子どもたちが食べている。海か湖の水なり魚なりを吸って、真水が出てきたり、魚が出てきたりする」と描画の説明をしながら約3分半で描きました。描画について「子どもたちに、生きる力を与えてくれるっていう木。〈この木の昔？〉昔は何の役にも立たなかったんだけど、すごくがんばって、子どもたちの役に立てるように努力した。努力する木です。〈この木の将来？〉もっと大きくなって、皆に好きなものを与えられるようになる。〈樹齢？〉苦労がすごいですから、千年くらいかかってるんじゃないですかね（笑）。周りが大変な状況になって、砂漠で、人が住めないようなところになっているところで、がんばっている。そこで生きてきた木です」

Ａ氏は描画後「絵が下手ですね（笑）。思ったように描けなかったですね」と苦手さを語っています。しかし、「夢の木」の印象評定における「想像力」は高得点、また「描画独創性」「言語独創性」についても高得点でした。Ａ氏に代表されるように、創出型研究者の描画と言語説明からは作話に近い空想の世界が感じられる傾向にあり、豊かな想像性がうかがえることが特徴的です。そのような想像性を伴った拡張的志向性に

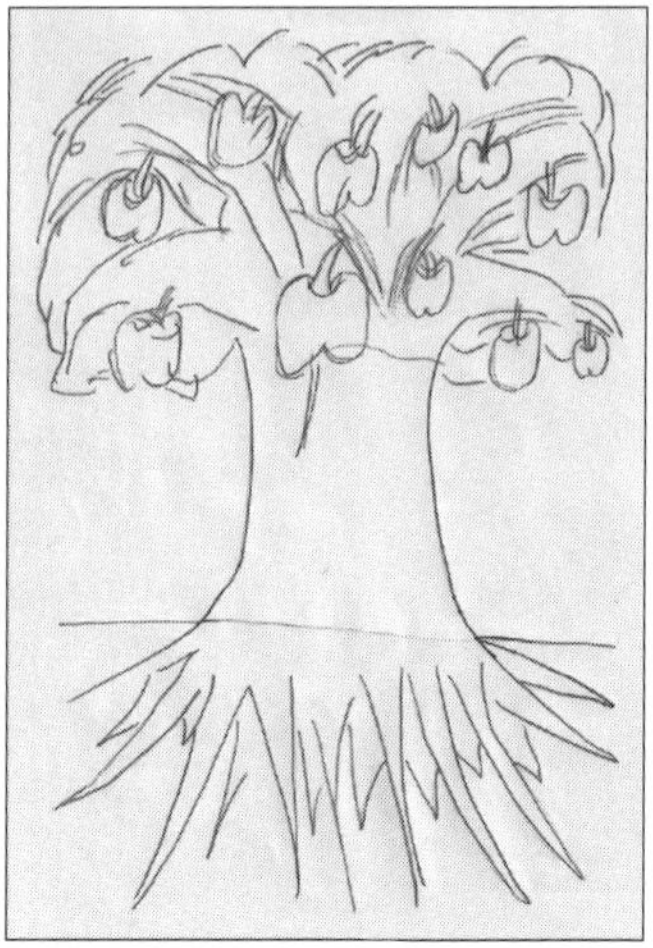

図 7-1 Ａ氏の「実のなる木」

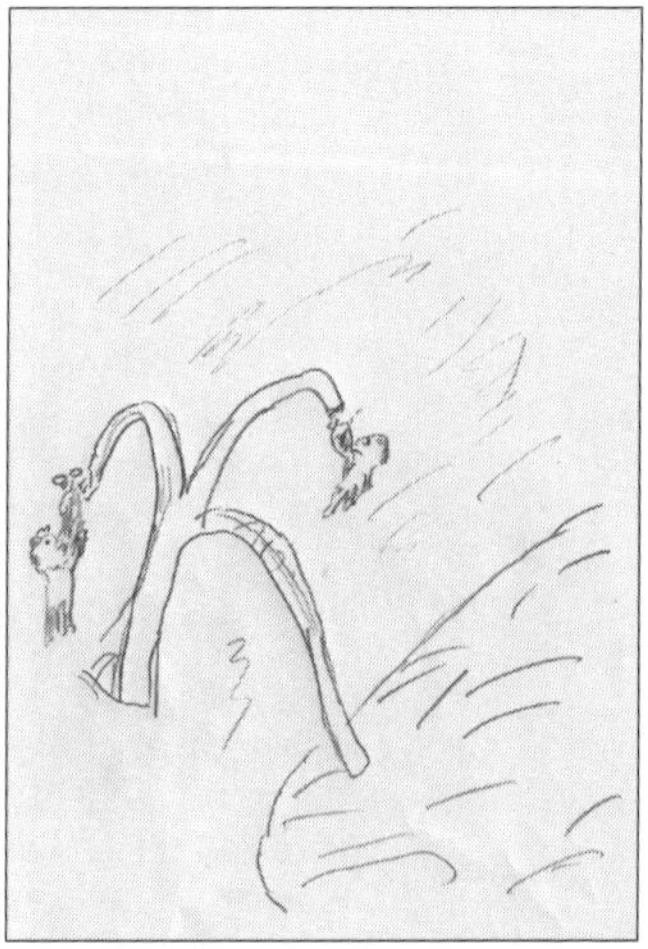

図 7-2 Ａ氏の「夢の木」

よって、思考や関心を拡大する傾向が、創造性へとつながっているのかもしれません。

解明型のバウムテスト：こだわりの樹木

解明型研究者B氏です。「実のなる木というとね、小学校の頃からいっつも決まっているんです」と言って30秒程度で完成させています（図7‐3）。「図工の先生にいつも怒られていました。写生してもしなくても全部同じ。中学になっても毎回同じこの絵しか描けない」と語っています。描画後には「木っていうと、一本あって、あと葉っぱの塊があるだけ。〈樹齢？〉まあ十年くらいですかね。〈何の木？〉アカメガシワかな。私が大事に育てていた木があったんですよ。家の庭に勝手に生えてきて、ものすごく大事にしていたら、ある日、嫁に切られました。〈その木の何が良かった？〉安っぽい感じが好きでしたね。誰もこんな木育てないだろうっていうのを育てるというのがよかったですね。どこでもすぐ生えてくるんですけど、みんなあっという間に切られちゃうんです。〈切られた理由？〉「雑巾みたいな木なんか庭においておく必要ない！」って言われました。すっごく悲しかったです。小学校1年生から中学3年生まで美術ありましたけど、9年間全部同じ木を描き続けました。ずっと図工と美術1か2です。〈この木の将来？〉考えたこともない」

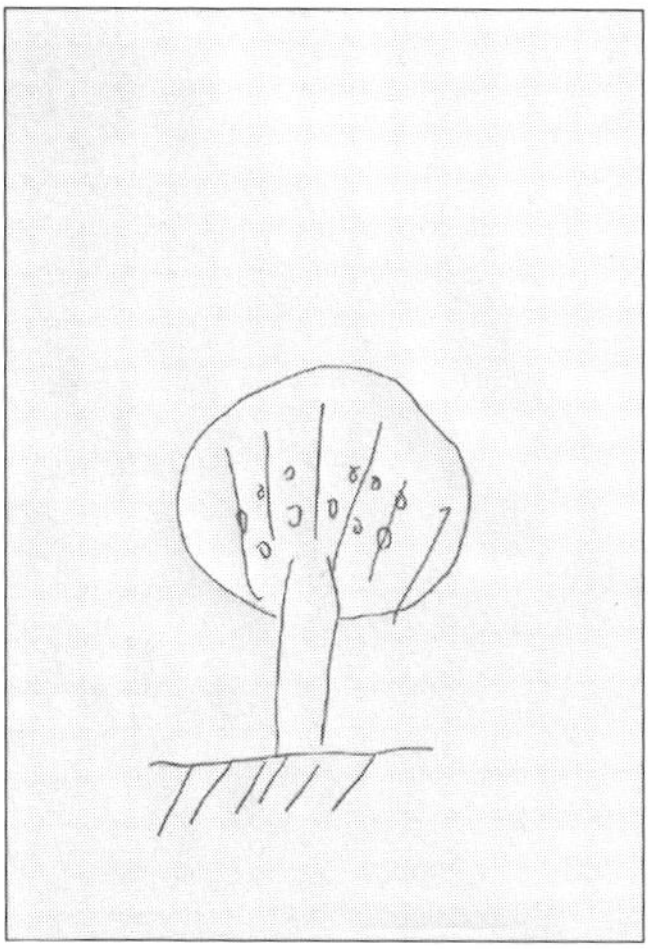
図7-3　B氏の「実のなる木」

次は、「夢の木」です（図7‐4）。「木って全部一緒なんですよ」と言ってやはり30秒程度で「実のなる木」とほぼ同一の樹木画を描きました。描画後には「いつも描いていた木。〈夢の木？〉木に夢はないんです。そんな夢みたいな、みんなが喜ぶような木は嫌いなんですよ。みんながさっさと切っちゃう、誰も喜ばないような木をうちで育てる方がよいじゃないですか。サクラとかは皆が喜ぶけど、誰も喜ばないような、すぐ切られる木を3年くらい屋根まで届くくらいに大きくなるまで育てたのに、嫁さんに切られてすっごく残念。うちの庭のシンボルツリーになっていたんですけど、すっごく残念です。〈それがこの木〉アカメガシワ、こんな感じ。〈過去とか未来がどうなっているとかではなくて〉とにかくアカメガシワ。それが私にとっての夢の木なんです」と繰り返し、「気に入っていたアカメガシワの木を切られてしまったこと」を語って終わっています。

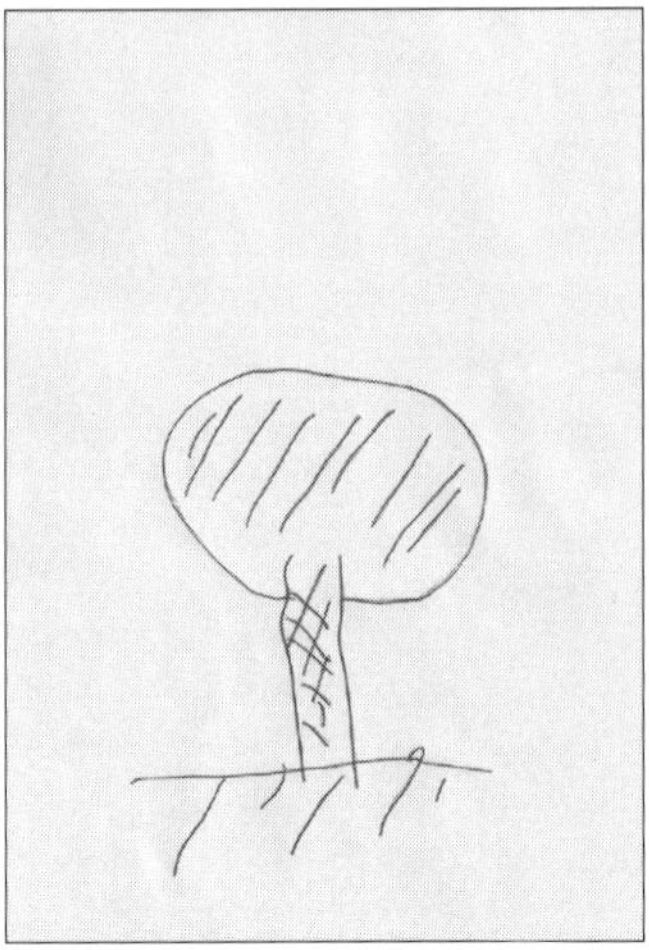

図7-4　B氏の「夢の木」

解明型研究者の樹木画は総じて一見稚拙な印象で、「実のなる木」と「夢の木」に変化の乏しい特徴が認められました。印象評定でも「独創性」や「想像力」が低得点であることが特徴的です。すなわち解明型では、描画行為によって想像性を表現することが困難である可能性を示唆しています。B氏は小学生から変わらず同じ木を描き続けていると語り、また2枚の絵に変化の乏しいことからは、ある種のこだわりや柔軟性の乏しさも考えられます。一方、あれこれと拡散的になるのではなく、変わらずにじっくりと取り掛かる一点追求型という見方もでき、そのような姿勢が創造性につながっている可能性もあるのかもしれません。

途上型のバウムテスト：描画も途上型

途上型（実のなる木／図7‐5）のC氏は「絵は苦手なんです」と苦笑いをし「絵なんて何十年も描いてないので」と言いながら45秒程度で完成させました。描画後には「〈どんな木？〉南国に生えている木ですかね。実は一つポーンとあるようなヤシの実を考えた。小さな島みたいなところに一本だけ立って孤立している感じ。周りに何もなくて。若いときはこんな大きな実もついてないし、小さい。〈これから？〉ずっとそのまま、増えそうにも思わない」と語っていました。

次は「夢の木」です（図7‐6）。C氏は「さっきのがそれに近いんですけど。夢って夜寝て見る夢ですか？それとも想像上の？」と質問し、検査者が〈想像上の夢の木です〉と答えると「やっぱりさっきの木で

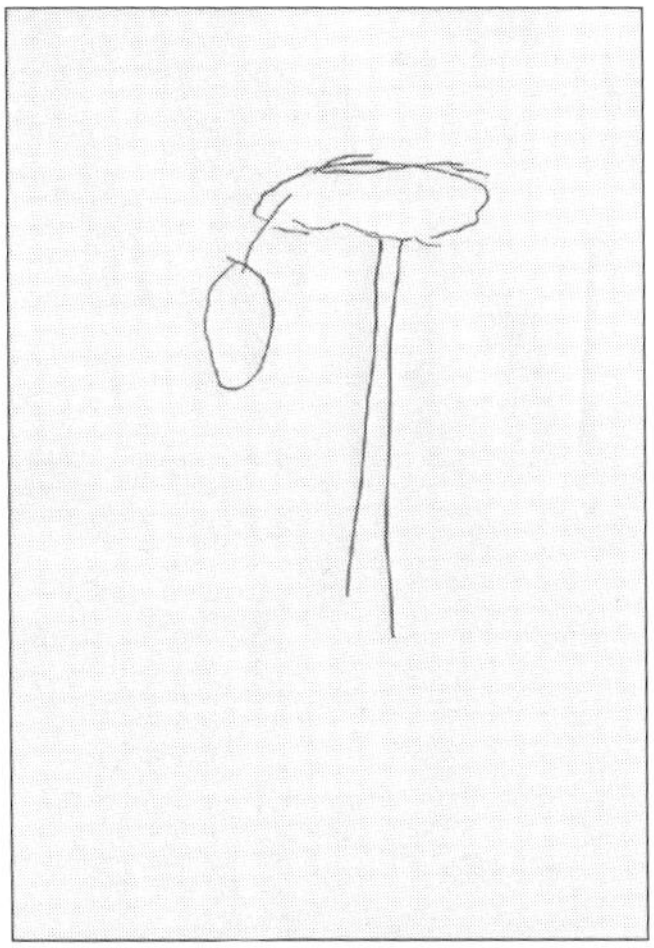

図7-5　C氏の「実のなる木」

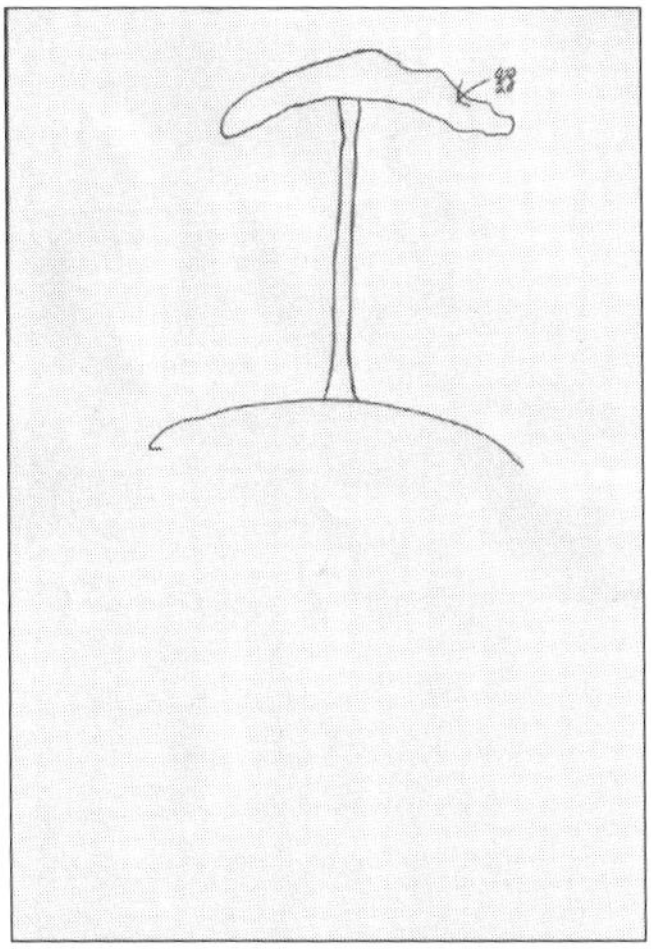

図7-6　C氏の「夢の木」

す。周りに何もなくて一本だけ立っていて気持ちよさそうな感じっていうので」と語りながら約1分で描きました。描画後には「さっきの実がないバージョン。〈夢の木？〉環境の方ですね。周りに何もなくてきれいに立っているっていうんですかね。孤立はしているけどただ枯れていくだけではなくて、細くてもしっかり立っているっていうんですか。海とかも周りにあって。だから夢の木っていうんですかね。環境の方ですね。〈この木の昔？〉あんまり想像できないですね。今があるだけって感じですね。〈この木のこれから？〉あまり変わる感じしないですね。こんな感じだけど、緑のきれいさみたいなのは保つっていうか。他は特にはないですね」と語っています。

途上型研究者の描画も総じて稚拙な印象です。しかし解明型ほど「実のなる木」と「夢の木」の変化に乏しいわけではなく、一方で創出型ほど描画や言語に独創性が見られているとも言えず、また「夢」が語られる傾向も乏しいものでした。印象評定からも示されるように途上型は顕著な特徴があるわけではなく、バウムテストにおいても、創造性発現への発展の途上であると考えられました。

潜在型のバウムテスト：想像的で独創的な描画

潜在型D氏の「実のなる木」です（図7-7）。「絵下手なんですよね、マジで」と呟き約2分で完成させ、描画後も「うわあ、下手だ」と嘆いている姿が印象的でした。説明では「とにかくでかい目立つ木です。でかい、幹の太い木です。実がそこそこたくさんなっている。他の木よりも目立つ感じ。〈樹齢？〉20年くらい（笑）。20年前は超ちっちゃい、全く目立たない感じだった。〈これから？〉ゆるやかに大きくなっていくイメージ。今までがんばったから、今後はゆっくりりみたいな。〈実？〉食べられる実、おいしそうな実を想像していました。

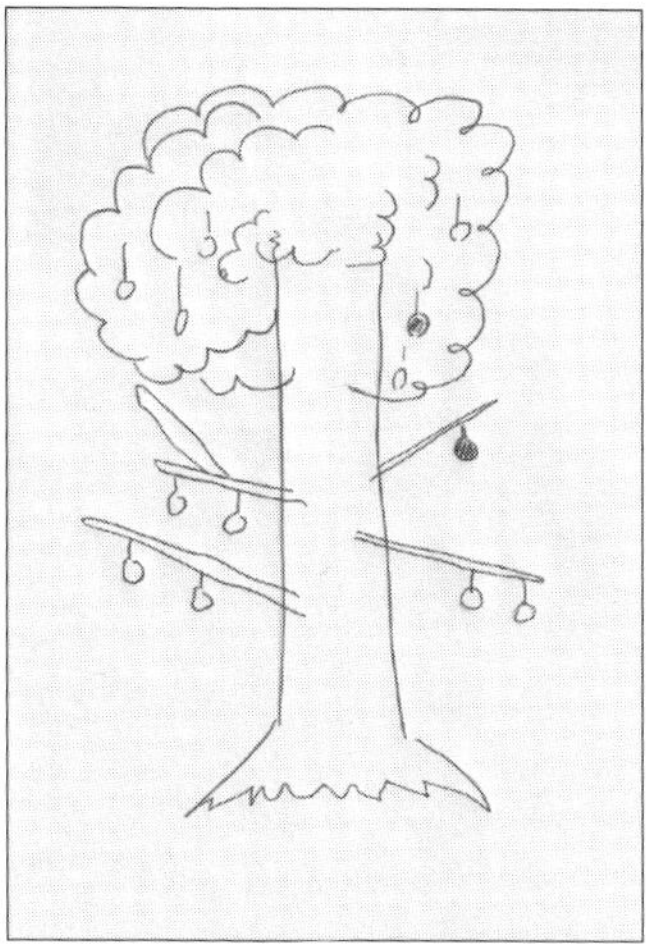

図 7-7　D氏の「実のなる木」

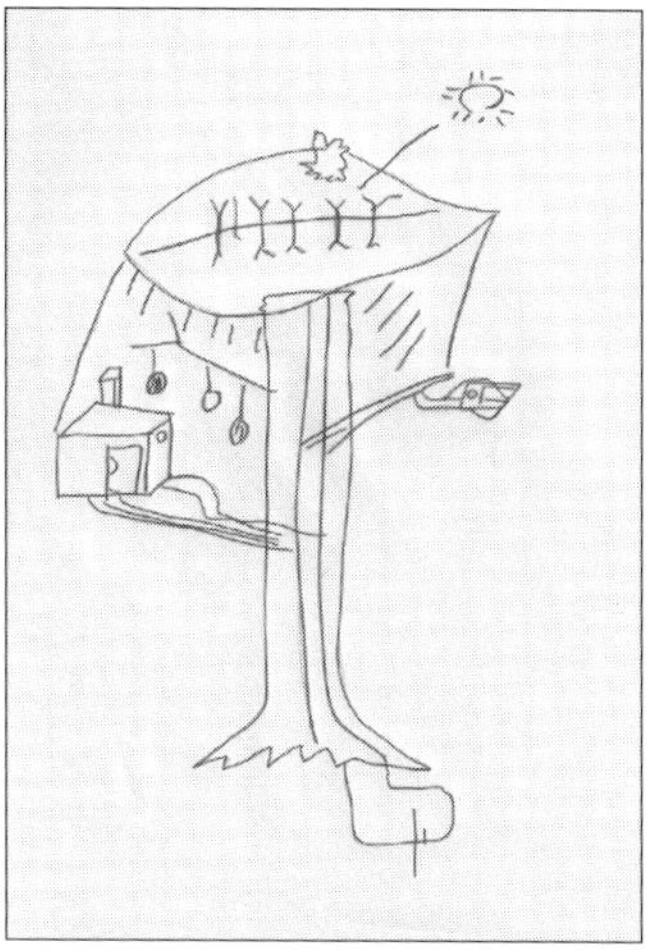

図 7-8　D氏の「夢の木」

〈何の木かは？〉特に想像していませんでした。〈人は来るところ？〉人は来る。食べられるもののイメージなので（話しながら実を2つ塗る）。喋っていたら、自分に見立ててましたね。20年かけて、大きくなってきたみたいな」と語っています。

次は「夢の木」です（図7‐8）。しばらく上を向いて考えた後に、約9分かけてじっくりと描きました。描画後には「絵心なさすぎるからな」と言いつつ「電源でつながってて、葉っぱで太陽の光を受けて、電気に変換して、iPhoneを充電している。iPhone描いたのはよくなかったと思って、家に電気を送る。さらに太陽の光を得て、ここ（電源）で増幅させて自給自足みたいな。〈これは？〉これで電気、エネルギーを発生させてるっていう。一本の木で、都心から電気が送られてこなくても、田舎の方で自己完結するっていう。〈樹齢？〉浅いですね、まだまだこいつは色んな機能がついていくっていうイメージ。3年くらい。機能もだし、効率も上げていく。もっと電気を生み出せるように。〈昔？〉電気を送れなかったけど、今はちょっとずつこの一本で、人ひとりは生きていけるようになったっていう。〈どこに立っている？〉電波が届きにくい、山の奥。〈この家？〉この人がこの木をつくった。〈追加説明？〉陰《かげ》にもしていた。これで光をシャットアウトもできるし、光を送ることもできる。この木に住むイメージでした。葉っぱの上が屋上、みたいな」と語りました。

D氏は２枚とも描画中に、繰り返し絵が下手なことを語っています。一方、印象評定における「描画独創性」は４タイプの中で最も高得点であり、「想像力」や「言語独創性」についても高得点でした。また「実のなる木」と「夢の木」の比較評定においても、多くの項目で両者の差が最も生じている一群です。潜在型は全員が大学院生で構成されており、学生に潜在する「想像力」や「独創性」が描画行為において表出されている可能性が示唆された結果と言えます。

バウムテストからみる創造性――描画を補完する言語

描画検査を通して創造性の表出を検討した結果、次のことが仮説として考えられました。

描画能力よりも言語能力が優位である

理系研究者の樹木画は、全体的には総じて稚拙な描画傾向がうかがわれました。彼らは〝描画〟という素材だけでは創造性能力の発揮しにくさがあると思われます。彼らは日常の研究、論文執筆などの中で〝描く〟行為はほとんどなく、「描くことはパソコンがやってくれますから」という感想も聞かれるように、描画的側面が芸術家のように創造性に開かれているわけではないと考えられます。

一方で、全体的に言語量は多く、稚拙な印象のある描画に対しても詳細な言語説明で補われていました。

特に「夢の木」において、より言語の力が発揮されており、理系研究者は〝言語〟という素材を通して想像性が喚起され、外的に表現可能であることが推測されます。このことは、彼らの創造性における言語の力の重要性を示唆するものと思われます。

また上述したように大学院生で構成される潜在型において豊かな「想像力」や「言語・描画独創性」が表出されていることについては、彼らの潜在する能力を把握する指標としての描画行為の有効性が示されたと言えるのではないでしょうか。

第8章

文章完成法からみる心理・社会的安定性と創造性

ここでは、文書完成法（SCT）から見た4タイプの理系研究者の特徴を把握するために、量的な観点である記述文字数と、パーソナリティを総合的に捉える指標である「心理・社会的安定性」の結果を紹介します。また、質的な観点として、各タイプにおけるパーソナリティと創造性との関連について検討します。

文字数において4タイプに差はない

紙面上で文字という視覚刺激が与えられたときに、理系研究者はどのくらいの量の反応をするのでしょうか。表8-1には、各タイプにおける1項目あたりの反応文の文字数について、平均値と標準偏差（SD）を示しました。分析の結果、平均文字数に有意差は認められませんでした。ただし、標準偏差には幅があり、同じタイプの中でも多くの記述をした人と、短く簡潔な記述で済ませる人とが混在していました。反応量については、個人の特徴がかかわっていると言えそうです。なお、SCTでは、書きたくないときや何も思い浮かばないときには書かなくてもよいということを最初に伝えているため、ある項目に対して反応文を産出

表 8-1　SCT の平均文字数と心理・社会的安定性（野村ほか，2023 より一部引用）

	平均文字数（*SD*）	心理・社会的安定性（*SD*）[range]
創出型（n=3：熟練 2、院生 1）	17.37（5.88）	4.67（.58）[4-5]
解明型（n=5：熟練 3、若手 2）	18.52（6.98）	4.66（.89）[3-5]
途上型（n=8：若手 3、院生 5）	19.80（13.42）	3.88（1.36）[2-6]
潜在型（n=4：院生 4）	20.16（11.42）	4.00（.82）[3-5]

しない（無記入）という選択をすることもできます。本調査では、途上型の2名に無記入の項目がありましたが（それぞれ3項目と8項目）、この2名以外はすべての刺激語に対して何らかの反応がなされていました。反応の量だけではなく内容にも着目する必要はありますが、少なくとも今回の理系研究者の多くは、ある程度のモチベーションを保ちながらSCTに取り組んでいたと考えられます。

いずれのタイプもおおむね保たれる心理・社会的安定性

伊藤（2012）によると、心理・社会的安定性が高い人は、「情緒的に安定している。穏やかで、波が小さい。信頼性、将来性が高い。心身状態が良好で、環境への適応もよい」とされています。今回は群間差を検出しやすくするために、7段階としました。評定は臨床心理士・公認心理師有資格者の2名で行い、不一致の場合は合議により決定しました。

表8-1に、各タイプの心理・社会的安定性の平均値、標準偏差（SD）、および最低値と最高値（range）を示しました。分析の結果、平均文字数と同様に有意差は認められませんでした。顕著に低い評定は認められなかった一方で、反応文の簡潔さや抽象度の高さなどの要因により、顕著に高い評定も認められませんでした。しかし、ほとんどのタイプでは平均値が4以上となったことから、SCTの反応文を見る限りでは、今回の理系研究者の情緒はある程度安定しており、

人としての信頼性や将来性も備えており、心身状態や環境への適応もおおむね良好ということができそうです。このような安定性が、創造性を発揮するうえでの基盤の一つとなっているのかもしれません。

次に、各タイプにおける記述の特徴を見てみたいと思います。なお、例における［　］の中はSCTの刺激語、［　］の外はそれに続けて実際に記入された反応文を表しています。反応文は原文のまま掲載しましたが、一部、個人が特定されないように改変しているところがあります。

創出型――ポジティブな将来像と人への関心

現在の職場（研究室）環境では相応の社会性を発揮しており、適応はおおむね良好であることがうかがわれました（例＝［職場では］それなりにがんばっていると思われている）。また、探究心や向上心をもっていることや（例＝［私が知りたいことは］どうすれば人より深くものごとを理解できるか、です）、将来像が総じてポジティブであることも共通していました（例＝［人々］が幸せになるように研究を続けたいです／［将来］どうなっているかわからないが、楽しく生きたい）。さらに創出型には他者指向的な記述、すなわち反応文の中に〝人〟に関する記述が多いことが特徴的でした（例＝［私がひそかに］願っているのは子供たちの幸せです／［私が心をひかれるのは］活躍する同世代の人をみたときだ）。対人関係の中では時に痛みを伴うことはあるものの（例＝［私が思いだすのは］人を傷つけてしまったときのことだ）、創出型研究者にとって他者を意識することの意味は大きく、他者とのさまざまなかかわりの中で創造性が醸成され発揮されているのかもしれません。

解明型──ポジティブな将来像と趣味の世界

解明型も、現在の職場環境では相応の社会性を発揮しており（例＝［職場では］ある程度きちんとしようとしている）、研究に相当のエネルギーを注いでいる様子も見受けられました（例＝［仕事］ははじめるとエンドレスにやってしまう）。若手研究者は時に仕事上の壁にぶつかることはあるものの、折り合いをつけているようでもあり、心理・社会的安定性の高さがうかがわれました（例＝［仕事］は苦しいと思うこともあるが、大抵は楽しいと思いながら取り組んでいる）。また、創出型の研究者同様に、ポジティブな将来像に関する記述が認められました（例＝［将来］は組織をより大きくして社会にインパクトを与えたい）。

解明型において特徴的であったのは、研究以外の趣味に関する記述が何度も登場し（例＝［子どもの頃、私は］虫を見ていた／［私が得意になるのは］趣味の話題になったときである）、人によっては仕事以上に趣味が大切であることが示唆されていたことです（例＝［仕事］は今の趣味を継続させるために必要）。周りからは少し変わった人と捉えられることもあるようですが（例＝［私はよく人から］ユニークと言われる）、ある特定の物事にこだわり突き詰めていく姿勢は、解明型の研究においても活かされているものと考えられました。

途上型──環境に関する苦悩と率直さ

途上型の若手研究者には、集中して物事に取り組む姿勢や（例＝［私が得意になるのは］集中できることだ）、研究への前向きな姿勢が見受けられましたが（例＝［私が得意になるのは］研究の話をするとき）、職場適応や情緒の安定性などの点で気になる記述も散見されました（例＝［私の不平（〝と不満〟を挿入）］は大学の仕事／［職場では］中間管理職的であるが大変／［死］はときどき考える）。創出型や解明型に比して、途上型の若手研究者はこうした情緒的な不安感などを率直に記述という形で表出する傾向があることが特徴でした。

途上型の大学院生には、一貫した傾向は見出しにくかったものの、冷静かつ客観的な記述が多く認められました（例＝［私はよく人から］話しやすい人と言われるが、それは日頃から敵を作らないようにしているからである）。また、環境への適応や情緒の安定性などの点で若手研究者のような気になる記述は特に認められませんでした。

潜在型――幅広い未来像を描く

途上型の大学院生同様に一貫した傾向は見出しにくかったものの、複数名の記述からは、努力をする力をもっており、実際に成果を上げていることがうかがわれました（例＝［私がひそかに］努力しているのを誰かは見ている／［私が得意になるのは］合格率の低いテストや公募にうかったときである）。一方で、自身の能力の限界を示唆するような記述も認められましたが（例＝［私が知りたいことは］すでに誰かが知っている／［職場では］自分より優秀な人しかいない）、それにより情緒の安定性などが大きく損なわれている様子は見受けられませんでした。

なお、大学院生10名のうち、将来像について、SCTの中で明確に研究者を志望していることを記述していたのは途上型の1名のみでした（例＝［将来］の夢は研究者である）。他の大学院生については、より幅広い未来について考えている記述（例＝［将来］自分では想像できないほど大きくなっている／［死］ぬまでに5つくらい違う仕事がしたい）や、安定を志向する記述（例＝［将来］は安定した生活を送りたい）などが見受けられました。

まとめ

ＳＣＴからみると、特に熟練研究者においては、創出型であるか解明型であるかによって、反応文に比較的はっきりとした特徴が表われていることが示されました。すなわち、創出型では他者指向的な記述が、解明型ではある物事へのこだわりを示唆する記述が多く認められたということです。一方、両者に共通しているのは、心理・社会的安定性を有していることでした。このような安定性を基盤として創造性が発揮され、顕著な業績が上げられているものと考えられます。

若手研究者については、特に途上型では心理・社会的安定性に何らかの課題を抱えていることが示唆されました。また、大学院生については、冷静かつ客観的に物事を眺める力や、努力を重ねながら実績を積み上げる力を有していることが示唆される一方で、将来的に研究者として特定分野の研究に邁進していくのか、あるいは別の道を歩んで能力を発揮していくのかの分岐点にいることが特徴でもありました。心理学者チクセントミハイ（1996）の見解にもあるように、創造性について検討する際には、個人のパーソナリティの特徴とともに、個人がどのような環境に身を置き、どのように環境と関わりながら生きているのかという視点を持つことが必要になると思われます。

第9章 ロールシャッハ法とバウムテストの事例から考える創造性

エビデンスと個性記述

ここまでの心理検査の結果は理系研究者の創造性を探るために、統計的な手法を取り入れて共通項や傾向を考えるという、いわゆるエビデンスを取り、科学的な技法によって物事を明らかにしようとする「法則定立的」な接近方法です。筆者らは研究者であるとともに、一方では臨床家でもあり心理カウンセラー（臨床心理士・公認心理師）として、個々の悩みや精神的な問題に苦しんでいる方たちをサポートし、心理療法など心理的支援を生業としているものでもあります。

その場面では、一般的な特徴や傾向を知っているだけでは役に立ちません。同じに見える疾患や悩みであっても個人によってそのありさまは違い、当然、支援法も変わってきます。

今回われわれが用いてきた心理検査は、本来的にはそのような個々人の悩みや問題、精神的な病気について理解し、心理的支援のために使われている技法です。そのため、その結果は一人ひとり相当に違ったものであり、個々の結果を「個性記述的」なあり方で表現されるのが臨床的に有効な使い方となります。ここでは「個性記述的」な理解の方法を紹介しつつ、創造性について考えてみたいと思います。

創出型創氏のロールシャッハ法に対する個性記述的接近

ロールシャッハ法の「継列分析」は10枚のカードにおける反応を1枚目の反応から10枚目の反応まで、産出された順に追って分析する個性記述的接近と言えます。説明が難しいのですが、ディズニーランドの「ビッグサンダー・マウンテン」のようなものと考えてください。ジェットコースターにもいろいろあり、スリルがハンパないものから大人は面白くも何ともない幼児用までさまざまですね。中でも適度にスリルがあり、適度に楽しめるのがビッグサンダー・マウンテンであり、恐怖あり、笑いあり、不安ありのさまざまな刺激とそれへの個人的なさまざまな反応を引き出すジェットコースターです。ロールシャッハ法の継列分析もちょうど「ビッグサンダー・マウンテン」のように、10枚の刺激価の違う曖昧なカードを見てもらい、白黒から多色彩のカードまで、さまざまな刺激に対する反応を引き出し、その流れを読み取る（解釈する）ものです。刺激に対する反応は本当に千差万別です。

創氏はプロローグの他、本書で登場していますので、人となりはそちらを参考にしてください。これから実際に彼がどのようにロールシャッハ体験をしたかを見ていくことにしましょう。席に座り、検査の教示を受けて、彼はカードを順番に見ていくことになります。なお、紙面の都合上、ここでは10枚のうち2枚の反応の解釈のみを紹介しますので、本来の全人的な理解には至らないことをお断りしておきます。

【カード1】（78頁、図6-1）

〈　〉は検査者の言葉。①〜は創氏が語った反応。

〈何に見えるか自由に〉それはいくつも見えたものは言えっていうことですか？〈自由に〉それは1個じゃなくって、例えば、見えたらどんどん言えっていうことですか？〈自由に、最大でも10個までにして〉ああ、わかりました。

①牛、②人が踊っている、③オオカミがこっち向いている、④仏像、⑤仮面、⑥クワガタ⑦宇宙船、⑧大きい鳥、それくらいかな。

最初は白黒のカードです。創氏は「何に見えますか？」と問われ、カードを見て「それはいくつも見えたものは言えっていうことですか？」と聞いています。「ご自由に」と言われると、「それは1個じゃなくてどんどん言う？」とさらに聞き、「最大でも10個ぐらいまで」と言われて、「わかりました」と納得しています。曖昧な状況では、人はその人らしく振る舞います。実際には検査に対する質問をする人もあり、しない人もあります。教示に対する質問は、新奇場面での不安を対人関係の中で解決する手段です。創氏は十分それを解決し、反応に移っていきます。対人関係がうまくない人は「はてな？」と思っても聞けないまま先に進んだりしますし、そもそも聞く気持ちが湧かない人もいます。創氏は課題に臨むときに対人関係に積極的に関与し、十分納得してから進んでいく人とも言えます。そして、創氏自身の中では質問しながらも、内面ではすでに「どんどん言う」態勢になっていることがうかがわれる発言です。

彼は3秒で最初に「牛」に見えると答えています。新奇場面を見てから素早い反応をするのは、知的な反応性が高い人です。説明ではまず「角があって」と言い、「顔があって目があるかな」と続けます。「角」は牛の大きな特徴ですが、攻撃的なものでもあります。最初に攻撃的な部分に目が行ったのはアグレッシブな人だからでしょう。これは積極的という意味でもあります。次に「目があるかな」と、目を見ています。実はこれはずっと後の反応まで通して目の指摘をしていることが、創氏の特徴でもあるのです。つまり、かなり「人の目」を気にしている人なのです。対人的な不安や評価など気になる人と言えましょう。

その後、彼は第2反応として「人が踊ってる」と言います。活動性が賦活され、人の全体を見ていて統合的な良い反応です。「4人いて手を挙げている」と言いますが、ちょうどジェットコースターに乗って、落ちながら手を上げている人のようで、余裕を見せています。しかし、見ているうちに不安が湧いてきて「オオカミがこっち向いている」と反応します。「目が鋭い」というのは人に見られる不安です。彼は動揺して「あ、僕間違えた」と場所を訂正しました。心が揺らいでいることが見てとれます。

そして、カードを逆さに見て（カードはどう見ても良い）「仏像」と反応します。改めて刺激を見直して情緒的に立ち直り、彼は非常に細かく反応について説明しています。このような知的防衛は彼の真骨頂であり、水を得た魚のようです。また仏像は宗教的な反応で、「蓮の葉に座り、合掌して座禅を組んで」いるとのことです。創氏は宗教に興味はありませんが、検査後に尋ねてみると、大学の近くにお寺があって大学院でお茶を習い、その道具や書画は好きで見慣れていた」と語っています。ロールシャッハ反応は記憶痕跡が投映されるのですが、ゆったりした良い体験が投映されていることがわかります。「お茶は自分の人生を形成した一部」と語り、相対的に物を見ることを学び、作品は見られて初めて成立するもので、研究も同じように、「見られる側がいて成立する」と語っています。お茶、宗教的なものと研究とのつながりは、彼の洞察的な人格を表していると思われます。そしてこの反応は、かなり凝った反応になっています。「分析的な思考」を使用して、見事にこの反応を〝創造した〟と言えるでしょう。

この後まだまだ反応が出てきます。知的生産量が高いからです。第5反応は「仮面」で、やはり「目があって」と言います。仮面は顔を隠し、人の目から逃れる防衛的な反応です。人の目を気にするのは彼の性格傾向であり、折に触れてこの後も顔を出します。ただ、人の目を気にして避けるのではなく、人とうまくかかわることで凌ぎます。たとえば、あまり親しくない人と二人きりでいるような時は、黙っていると気まずくなるので、何か話題を見つけてしゃべる方が不安は減少することがあります。そして、不安になった彼は、第6反応で「クワガタ」と言います。虫でサイズが小さくなりました。クワガタは甲羅が固く「突起」もあり、次の反応は「宇宙船」で固く「尖っていてミサイルでも撃ちそう」と言います。固く自分を守る物体で、ミサイルは攻撃的ですね。これはやばいと感じて、彼はこの反動で「宇宙船って言っても映画のSFの宇宙船」とします。生々しい情緒が溢れるのを避けるために、「映画のSFだから」と心理的に距離を取って生々しさを回避します。ただ、これは無意識的に行われており、わざとそうしているわけではありません。

いよいよ最後の反応で、「大きい鳥」と反応します。単なる鳥ではありません、「鳥の神様」で「ぶわーっと羽を広げて」います。おおらかになってきましたね。「神様」はまた宗教的ですが、「岩に掘ってある」ので、まだ固い部分は引きずっています。反応は、別に前のものを考慮に入れる必要はないのですが、これも無意識的に影響されて引きずられ、「メキシコの鳥」と、言い訳気味になり、知性的な理由付けをしています。情緒的にネガティブなものを防衛すると、次に大きく羽を広げて自由に飛び立つような、拡張的で心の自由な活動性も見せています。

臨床場面ではこのようにカードの継列にそって刺激にどう対処するかを見るのですが、紙面の都合上、跳んで5枚目に移ります。

【第5カード】（79頁、図6－2）

①コウモリ（笑）、②うーん、恐竜、③手を広げている人、④うーん、走っている馬。ふー。何も見つからん。

このカードは形や色がはっきりしていて、対処しやすい刺激です。ジェットコースターでも落差を越えると少し楽になる瞬間があります。彼はこれを見ると1秒で話し始め、第1反応は「コウモリ」と笑います。質疑では「見るからにコウモリらしい」「足があるし、どう見てもコウモリにしか見えない」と語っています。カードの刺激形態にとてもフィットして見ており、常識的な物の見方をしているということです。

第3反応は3分5秒でかなり時間がかかり、「手を広げている人」で「モコモコのドレスを着た人が、うわーっと両手を広げている」と見立てています。華やかな人間を見ていて、積極的な動きも伴い、材質感も感じていて、柔らか路線で共感性や愛情欲求も感じさせます。外へ広がる動きは、外界への意欲も感じられます。しかし、「これは何かわかんないけど」ととまどいます。このカードは地味な白黒であり、不安を否定してあえて良い方に受け取ろうとする「反動形成」という防衛を感じさせます。第4反応は53秒経ってから「走っている馬」と答え、これも内的な動きがあります。そして、5分55秒で「ふー、何も見つからん」

と言って終わります。１枚のカードで4個の反応は、決して不足してはいません。彼はなぜ「何も見つからん」と言ったのでしょうか？　この検査はカードの説明をした後で、一番好きと一番嫌いなカードを聞きますが、その中で彼は、このカードを「一番嫌いな絵」に選びました。理由は「あまりにもわかりすぎて、どう見てもコウモリにしか見えんなと最初に思って、見いだす気にもなれなかった」と笑います。これは珍しい説明です。何に見えるか、わかりやすいシンプルなカードは一般的に好かれるからです。理由は不安にならずに、そつなく処理できるからです。しかし彼はその逆で、想像力をかき立てず、つまらない刺激と受け取っています。より困難を求め、新奇的な刺激に対して興味が惹かれるという特徴は、創氏のような新しい科学的な発見を目指す仕事ととても似つかわしい感じがします。ごく一部のみの分析ですが、この中にも彼らしい人格特徴が見てとれます。

注

１　反応についての説明や内容以外の情報は省略。

２　本論稿は、下記論文の一部を大幅に改変したものである。田附紘平・松本真理子・髙橋昇・野村あすか・松浦渉（2022）創造性を有する理系科学者のロールシャッハ反応．ロールシャッハ法研究、26; 20-29.

解明型S氏のバウムテストにみる創造性

S氏は50代の理系研究者です。幼少の頃楽しい小学校生活を送り、電子オルガン教室に通っていました。鉄道に興味を持ち、一人で東京まで行ったり、小学生の時にお年玉を貯めてカメラを買ったりしています。授業は一回聞けば理解できるので、勉強はやらなくても良かったといいます。中学校の成績は良くありませんでしたが、これではまずいと思って猛烈に勉強し、学区で一番の進学高校に入ります。高校で英語を習い始めると、一番になりましたが、物理が得意でいつも「ぶっちぎりの一番」を取っていて、その後難関大学に進学します。

大学では旅行に行くために家庭教師のバイトを熱心にやり、鉄道オタクも続けていたそうです。アマチュア無線をやっていたことから、自分の専門分野を志します。一人で外国旅行に行き、地理オタク、地図オタク、道路がつながっているのを見るのが好きとのことです。そして人の振る舞いを見て「動作の違いが面白い」と感じ、理解が難しい事象を観察、理解することの面白さに魅かれる特性を持っておられ、これは趣味と専門研究に共通するとてもユニークな点です。

大学院博士課程に進んでも外国旅行やスキーも楽しむなど、研究の傍らいろいろな活動をして自由な生活を楽しんでおられたようで、いわゆる〝勉強家〟のイメージとはずいぶん違います。一方で、その専門分野では顕著な業績を重ねた方です。S氏は「キーワードとキーワードを組み合わせて作った作品が自分の研究」であり、「キーワードを熟知し、一つの世界を直感的に全部理解し、それが2個以上ないと創造性にはつながらない」と言います。違う世界を全て理解し、結びつけることが重要なようです。さらにS氏は「趣味や旅行は人に決められたゴールがない中で、自分が企画して問題を解決していくので、創造性を具現化する際の重要な要素かもしれない」と語ります。彼の好む旅行は、企画されたものではなくて幾分冒険的な要素も含んだものと思われます。このようなS氏とはどのような人か想像してみてください。

彼の描いた実のなる木が図9-1です。あまり上手には見えませんね。それは構いません。ただ、絵画表現技術を持っている人は、自分の内的な世界を絵画で表現できます。これは逆に自分を隠すためにも使うこ

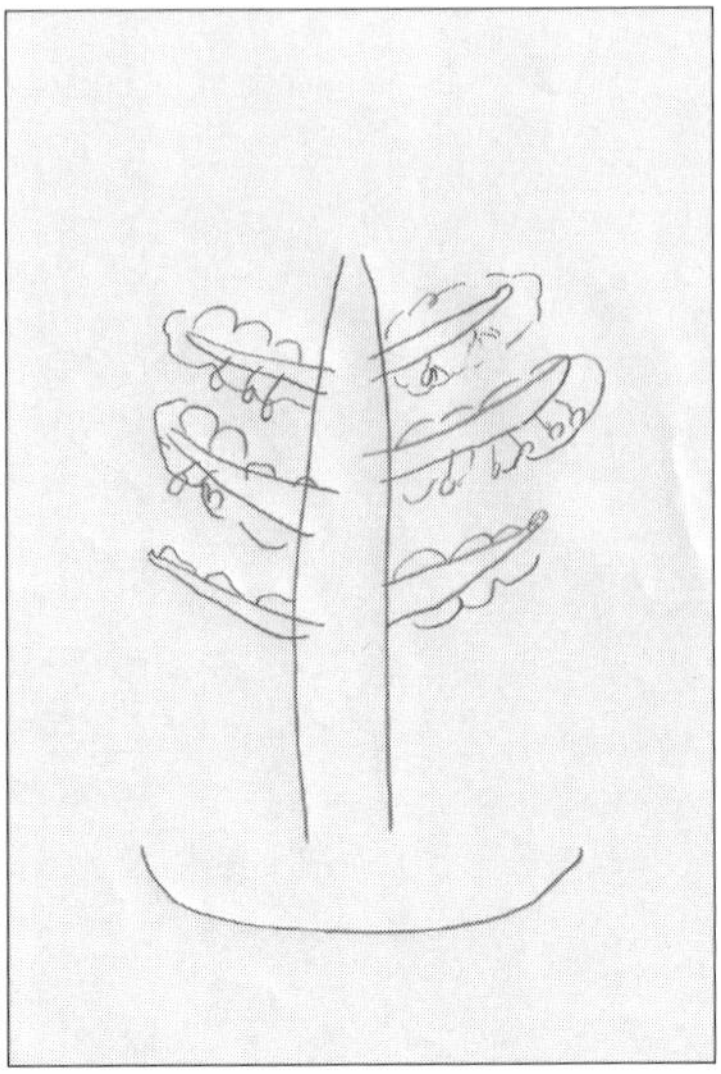

図9-1　実のなる木

とができます。例えば、どこかにあった木を正確に上手に描くと、その人らしさは隠されます。その意味で、この木はS氏らしいものです。

幹が2本線で描かれ、左右対称に枝が3本ずつ、それぞれ葉と実が描かれていますが、葉と実は曖昧に見えます。下には地面がカーブを描いています。木を囲うような地面は自分を守るような存在を欲しているのかもしれません。基部は描かれておらず、不安定な基盤を守る必要があるのでしょう。幹の上部は曖昧になり、キチンと閉じられていません。枝もきっちり幹にくっついているように見えず、太さも一定していません。つまり、曖昧で解放されているあり方がS氏らしいと言えます。実は願望や成就の証と言われますが、右上部など、実がつけられるはずのところが何も描かれていなかったりしています。不完全で曖昧、固定されず、成熟していないあり方が見てとれます。

この木の説明について、S氏は下記のように語っていますが、筆者はこの語りに驚きました。〈　〉は、検査者の質問です。なお語りについては、紙面の都合で一部省略しています。

〈どんな木？〉実っていうからには、あんまり小さい実じゃなくて、食べようと思ったら食べられるくらいの、果物寸前くらいの木がなっているのがなんとなくいいなと思って。そのためには幹は太い方がいいかなと思って、ただ幹を太く描きすぎましたが。実ってそうは言っても、木の先の方になるので、先の方まで描いていったけど、実がなるときには葉っぱがわさわさなっているときもあり、そういうのを想像して描きました。〈どういうところに立っている？〉絵はちゃんと描けていませんが、山肌っていうか、そういう。〈樹齢？〉（笑）。難しいですね。ちょっと実が食べられたらいいなと思うので、8年くらいにしましょうか（笑）。〈昔、この木は？〉山肌を想像しているので、あまり注目されない小さい木があって、気づいたら大きくなっている。8年だからめちゃくちゃ立派じゃないけど。〈これからこの木はどうなる？〉けっこう長持ちするんじゃないですかね。8年では完全に大人の木にはなりきってはないかな。でもほぼ良い感じの高さまできている木。〈ある意味おざなりの描画と詳細な言語説明についてどう思う？〉概念とdetailという考えが影響しているのかも。木の絵では概念を示すだけで良いと思うと、このような描画（いいかげんな）。実のなる木も夢の木も実際の木をイメージしていた。絵が苦手というのもあると思う。

筆者が驚いた理由は、描かれた絵の水準と語りの間のギャップが大き過ぎるからです。木の描画そのものは、ゆったりして物腰が柔らかで物事をはっきりさせず、少し自信のない人のように見受けられます。しかし、その説明は見事に明確で、細部に至るまで詳細な説明をし、「概念とdetailという考えが影響しているのかも、木の絵では概念を示すだけで良い」と語り、見事な合理化をしています。S氏はインタビューで「絵はすでに事実や現実ではないので関心がない。マンガとかアニメも読まないし、好きではない」と語ってお

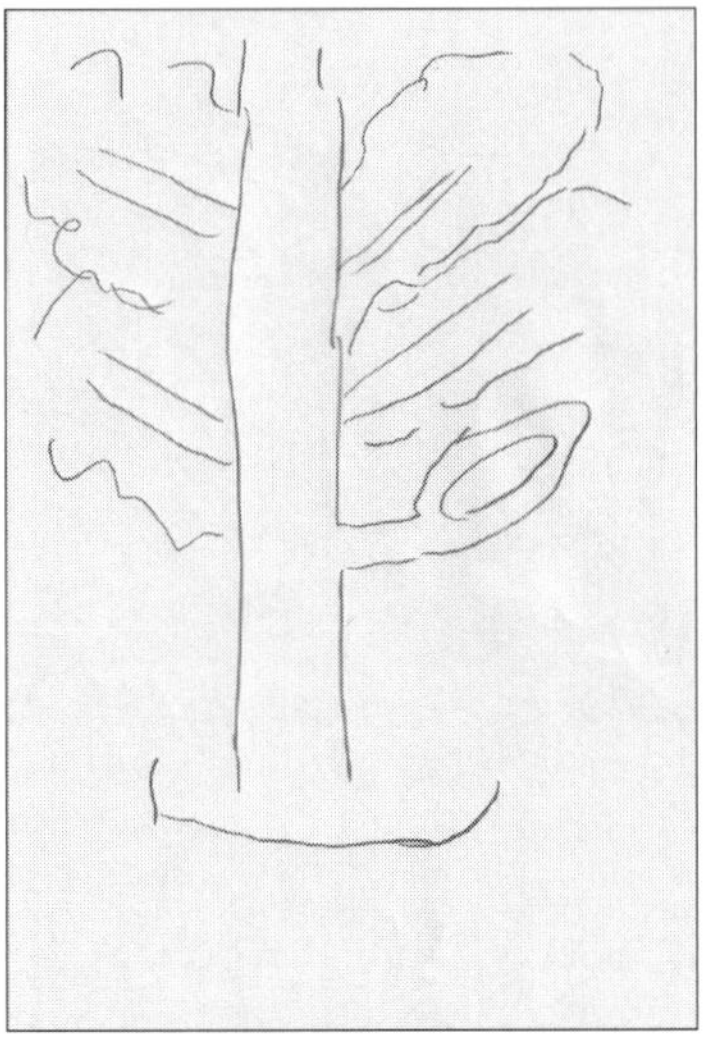

図 9-2　夢の木

り、描画表現にはチャンネルが開かれていないことを示唆しています。質問者は「ある意味おざなり」と言っていますが、S氏はわざといい加減に描いているわけではなく、むしろ緩やかに外界に開かれているS氏のあり方と考えられます。

私たちは何かを考えるのに「言語」のみを使用しており、言語以外で物事を考えることはできません。考えることが専門の研究者は、理論的で精密な言語で物事を説明し、自分を表現するのであり、言語表現に開かれていることが肝要です。ここでは詳細な説明によってこの木の有様を明らかにし、「絵はちゃんと描けていない」「幹を太く描きすぎた」など、自らを客観的に眺める内省的な姿勢も持っていることがわかります。「美味しい実が食べられるくらいで、良い感じの高さまできている」と言うのは、S氏の人間としてか、あるいは研究者としての現状が〝良い感じ〟になってきているのでしょう。

次に図９‐２の「夢の木」とその説明を見てみましょう。

〈どんな木?〉ベッドは、木の幹の成分のまま、面状に広がっていて、寝てもびくともしないような。巨大な木っていうのは、ここに人が寝られるためには、相当な強度がないとっていう意味で言いました。

木って登るとやわってていうか、ちゃちなのでとても寝られる気がしないんですけど、これは大きい。快適なように葉がたくさんあって、いい日陰ができているっていう。心地よく寝たり、スマホでもやっていられるリラックスできる木。極楽の地なんですが、ここにこの木があって、そこに乗ってゆっくりしているのいいなって（笑）。〈樹齢？〉大きいですよね。わかりませんけど、百年とか。〈昔はどんなふう？〉小さいときから、着々と人が寝られる大きさまで、ベッドのような手を大きくしていった。〈これから先はどうなる？〉これだけ大きい木だから、何百年とか続いてほしいですよね。こういうところ行きたいです（笑）（紙面の都合上、一部省略）

夢の木は想像上のものであり、木の形は現実的でなくても良いのですが、彼は地面の曲線、左右の枝など最初の木と似た構造で描いていて、「夢の木も実際の木をイメージした」と、客観的な現実重視の姿勢を述べています。木は枝が面状に拡がったベッドのある木を描きます。百年ほど立っている木で、「着々とベッドのような手を大きくしていった」と語ります。人が寝られる木は珍しい物ではなく、リラックスして休みたいという願望は割合多くの人が持つものです。「普通人」の部分をよく示しており、笑いながら話しているところも多く、やさしいユーモアのある人だと考えられます。

ただ、これも良い日陰ができたり、「相当な強度がないといけない」などの理屈が述べられ、知性化の機制がうかがわれますし、「分析的思考」と言えます。描画は一枚目と似ていて、枝や幹の先はよけいに解放されていますが、幹の先端は線が付け足されていますが、先は開いているままで、収拾するという決断はできないままとなりました。収まりがつかず、むしろこのまま伸びていこうとする意欲やエネルギーが感じられます。木全体のサイズも大きくなっており、「こういうところに行きたい」と言うのは、幾分彼の冒険的な旅行好きを反映しています。自由になると、心的なエネルギーが増加する彼のあり方を感じさせ、拡張的です。「考えつくす、徹底的に考える」というのが彼の研究への態度ですが、そこから離れてリラックスする世界に遊ぶのも重要であり、頭脳の柔軟性を補償する「拡張的思考」も持っているのでしょう。そして彼は「思いつきで言ったわりには、本心かなって気がする（笑）。特に二つ目は。〈本心？〉まさに今自分がこういうのほしいよなっていうのを描いた」と語りますが、絵を表現することを通して自分の願望が意識されたと思われ、自己表現から自ら洞察を得ることは、心の風通しが良い人と考えられます。

理系の研究者にとって論理的な思考力は極めて重要であり、「徹底的に考える」ことは必須なのでしょう。「自分は細かい網の目でキチンと拾っていくタイプ」とのことで、これは描画のようなイメージ世界ではなく、言語に代表される論理的な世界に生きているとの証言です。キチンとやる、あるいは強迫的にやるのは仕事や特にこだわりのある「オタク」的活動などに限られ、オタク的なこだわりはとことん研究を突き詰めるべきS氏にとっては重要な資質です。一方で生活上ではおおらかで柔軟な人だという二面性が彼の特徴と考えられます。このような姿が、バウムテストから見られる個性記述的なS氏の人格の断面なのです。

まとめ――心理検査にみる創造性の3本柱

ここまで第Ⅲ部では、筆者らの調査結果を、まずは4タイプに分類したうえで、各タイプの特徴をそれぞれの心理検査を通して紹介してきましたが、こうした結果をまとめると理系人間が創造性を発揮するのに必要な能力とは何か、という問いに対して、ある仮説が見えてくるように思います。すなわち筆者らは、創造性に関連する能力として次の3本柱が重要なのではないかと考えました。

拡張的思考

創造性発揮の一つのタイプである創出型の研究者に特に認められた思考の特徴です。すなわち「(新奇な対象にも）粘り強く注目すること」、「たくさんの反応を産出する意欲と豊かな想像性」そして「現実的か否かを気にせず、自己の論理を主張する」思考態度です。臨床の場では、自分の論理を現実を無視して押し通す思考の結果、ときに「自我境界の障害」とか「思考障害」とか判断され、場合によっては治療の対象になることもあります。しかし、創出型の特に顕著な創造的業績を有する研究者には共通する特徴として示されました。

分析的思考

解明型の研究者に認められた思考の特徴です。すなわち「じっくり観察する」、「自己批判しつつ反応する」そして「反応は自己の論理で自信をもって産出する」思考態度です。「自分はわからないのですが……」などと言いながらも最後には創出型と同様に、自分の出した反応に自信を持っているという共通点が見られました。この思考は、自分の弁解をしつつ「こだわり」を捨てない強さといえます。「こだわり」「自分ルールで観察する姿勢」「曲げない主張」が特徴と言えます。

直観的思考

3つ目の特徴です。これは創出型、解明型のうち一部の研究者に共通して認められた特徴です。創出型の場合には、次々と「～に見えます」と反応しているうちに、「あっ！　巨大な鳥の神様にも見えるぞ！」とひらめきの反応産出がありました。「ロールシャッハのインクブロット」に没頭し集中している様子は観察していてよくわかるものでした。没頭集中しているうちに、新しい（一般的には思いもよらない現実的ではない）発想が浮かんでくるのではないかと思われます。

一方、解明型研究者の場合には、しばしの沈黙の後に「これはベルクカッチェです、間違いない」とか「間違いなく、ムーミンです」とか、口に出す瞬間は「ひらめきの瞬間」と言えるものです。検査者は、反応を聴いた瞬間に「えっ？　どうすればそのように見えるのか？」と思わずにはいられないような、実は一般的な見え方からは「相当にずれた見え方」なのですが、彼らは自分の「ひらめき」に堂々とした確信を持っているのです。

この3つ、拡張的思考、分析的思考と直感的思考が創造性発現に関与する能力なのではないかと考え、筆者らは創造性の3本柱と考えました。この3本柱の能力を育てるにはどうしたらよいか、ということについては第Ⅴ部で触れたいと思います。

第Ⅳ部　創造的研究者の語る人生と幸福感

われわれの臨床心理学研究のうち，半構造化面接というインタビュー調査の結果を紹介します。創造的研究者の幼少児期から青年期，研究者生活までの生活史，家族，研究生活についての彼らの語りを通して，そこから見えてきた創造性発現の要因と幸福感（ウェルビーイング）について考えたいと思います。

第10章　子ども時代から現在までの個性的人生

本章では、調査のうち、インタビュー（半構造化面接）による語りから創造性の育ちと幸福感（ウェルビーイング）について考えてみたいと思います。語りはすべて逐語録に起こし、創造性の4タイプにそって一覧にした上で、質的な比較を行いました。ここで紹介するのは、それらの結果を統合する形で各型の典型例として創氏（創出型）、解氏（解明型）、折氏（途上型）に語ってもらいます。

家族の思い出――影薄く静かな家

解氏

父親は記憶になく、物心つく頃には、母親との2人家族だったそうです。母親は仕事が忙しく、子育てについてはいわゆる「放任」状態でした。解氏の幼児期からの関心はプロローグでも紹介したように「アリ」です。家でも庭に出てアリを観察することに没頭し、母親とどこかに出かけるとか一緒に何かをした、という記憶はまったくないそうです。園の先生は集団保育に参加しない解氏に困って母親を何度も呼び出すのですが、母親は仕事を理由に呼び出しに応ずることなく、解氏いわく「おかげで自由な子ども時代でした」と言います。

創氏

家族は両親と兄そして創氏の4人家族でした。両親は共働きで、小さい時の家族の思い出は「ほとんどない」、家族でどこかへ遊びに行った記憶もない、とのことです。父親は無口で厳しく職人気質で、時になぐられたこともあるそうです。創氏は父親に対して「いつか父親を超えてやる」と幼い頃から思っていたそうです。母親も仕事に忙しく、放任状態でしたが、創氏にはむしろそれがありがたく、創氏の趣味である自転車で知らないところへどこまでも行って帰りが夜になっても、何をしていたのか聞かれない自由さが良かったといいます。兄弟は5歳上の兄が一人いるそうですが、年も離れていて、一緒に遊んだ記憶もなく、現在もほとんど交流がないそうです。

折氏

創氏、解氏のいわゆる「放任」家庭とは異なり、無口で真面目な会社員の父親と教育熱心な母親、そして4歳下の弟と折氏の4人家族です。折氏いわく「ごく普通の静かな家庭」でした。父親は仕事一筋で、帰りも遅くその上無口な性格でめったに話すことはなかったものの、子ども時代にはキャッチボールをした記憶があるとのことです。一方、母親は、過干渉で教育熱心、幼稚園の頃からスイミング、ピアノを習い始め、小学校時代には、塾、そろばん、習字、野球と毎日何かの習い事が入っていたと言います。いずれも母親に言われて始めたそうです。弟は4歳下で、あまり話すこともなく育ったが、折氏と異なり、子ども時代から積極的で学校ではいつもリーダー的存在であり、折氏とは正反対の性格とのことです。

子ども時代――アリ・自転車・悩める対人関係

解氏

解氏の人生でもっとも古い記憶は、いうまでもなく「アリ」です。「小さいときはアリ以外にまったく関心はありませんでした」と言います。園が休みの日には終日家の庭でもアリをじっと観察していたとのことですが、母親はともかく「放任」だったようです。解氏いわく「近所のおじさんやおばさんが育ててくれた」と語っています。おじさんやおばさんの世間話を聴くことがアリの次に楽しかった思い出だそうです。

小学校入学時には幼稚園時代の様子から特殊学級入学を勧められたものの、やはりここでも母親の放任のお陰で呼び出しに応ずることなく、学校側は仕方なく通常学級に入学させた、と解氏は語っています。授業中はしょっちゅう離席、教室の後ろで飼っているメダカやザリガニを観察に行き、先生の注意は聞かない、成績は1と2だけだったそうです。勉強はまったくわからなかったし、つまらなかったといいます。友だちは特殊学級の児童が一人、下校途中に一緒に田んぼでザリガニ釣りして帰るのが楽しみでした。中学校入学時もやはり特殊学級を勧められたのですが、ここでも母親のお陰で学校側はあきらめて通常級に入学させました。当然のことながら成績はふるわず、母親からは「あんたは、中卒で働くんだよ」と言われ続け、母親は実際に卒業後の就職先を早々決め、自分もそのつもりだったそうです。集団行動の苦手な解氏です、いじめの対象にならなかったのか、心配になりますね。解氏いわく「いじめられていたかどうかわかりません、自分にはいじめということに関心がありませんでしたから」

そんな解氏に大きな変化が起こったのは、中学2年生でした。それまで全くと言っていいほど関心もなく、わからなかった勉強ですが、ある日のこと、数学の授業で「関数（一次方程式）」を習ったそうです。その時「突然、数学と数字の面白さに目覚めた」そうです。小学校では「ツルカメ算」というものを習ったものの「算数にツルとカメが出てくる理由」が理解できず、算数はいつも0点だった解氏です。それが、「関数を知って、直観的にひらめき」数学の面白さに気づいた、と語っています。その後の解氏の創造性発現にもつながる「直観的ひらめき」です。それ以来、数字と数式の魅力に取りつかれ「アリ」に代わって「集中と没頭の勉強の日々」の結果、あっという間に数学は学年トップ、同時に勉強の面白さにも「少し目覚め」中学を卒業するときには、最下位から学年上位の成績になっていました。この劇的な変化について「なぜか？」と問うても解氏は「関数を習ったからです」と一言語るのみでした。

高校時代は、テレビゲームの面白さにはまり、ゲームの達人として尊敬され校内の人気者となり、学外のゲーマーの世界にも名前が売れていったそうです。理数は得意であるものの、国語に関してはまったくわからない、読解や古文漢文は理解不能のまま、理数と英語だけでいわゆる難関大学に合格した解氏です。志望の専攻や大学は深く考えず、数学の勉強ができる大学という条件だけで決めたそうです。

創氏

創氏の人生の記憶でもっとも古い記憶は、幼稚園時代に友だちと喧嘩をして相手にかみついて先生に叱られたこと、その記憶以降、小学校では、板書をまったくしなかったためにいつも叱られ、中学校では授業を聴いていないと言われて叱られ、学校の先生というものには中学時代まで「叱られた記憶しかない」と言います。

母親は仕事が忙しく世話ができないために創氏は幼稚園のとき、近所のそろばん教室へ入れられました。創氏はそれがものすごくおもしろく、創氏いわく「人生最初の趣味になった」そうです。自分一人の力でどんどん先に進めることができる（難しいことができる）そろばんが楽しくて仕方なかったと言います。小学校、中学校の授業は「つまらない」のでほとんど聞いておらず、いつも先生に叱られていたと言います。先生＝叱る人、だったそうですが、数学と理科や体育ができたので成績は上位だったとのことです。学校が終わるとそろばん教室か、そろばんのない日や休日は一人で自転車に乗って「どこまでも知らない場所へ行く」ことが楽しみの子ども時代だったそうです。友だちと遊ぶことよりも一人で何かすることの方が楽しかったといいます。そろばんでは中学校で毎年全国大会に出場し、優秀な成績で賞状をたくさんもらったそうです。

公立高校に進学し、趣味の自転車では一層遠出するようになり県外まで足を延ばすこともあり、その延長で「大学は知らない県外へ」と決意したそうです。また中学校から独学で始めたプログラミングがおもしろく熱中していろいろなプログラムを自分で作っていたそうです。部活には入らず、自室でプログラムを作り、自宅にはコンピュータがなかったために、電気屋に行き、展示されているコンピュータに自分で作ったプログラムを入れて、「(プログラム通りに) ダーッと動く」と感動したそうです。その時の知識は研究者になってからも役立ってきたそうです。高校では、数学と物理の授業が面白く、高校3年時には、「自分に解けない数学の問題はない」という自信がつくほど、没頭して毎日数学の問題を解いていたそうです。そしてこの頃には、「もう父親は超えた」と思ったと語っています。大学受験時に先生から「お前は物理系が向いている」と言われ、深く考えることもなく物理系で有名な研究者のいる大学を受験し、念願の県外一人暮らしになったそうです。

折氏

折氏の人生でもっとも古い記憶は、4歳のとき、家の時計を分解して元に戻せず叱られたことです。喘息があり、幼稚園は休むことが多く、休んだ日には一人でレゴブロックをするか、父親の電気工作部品で遊ぶのが楽しかったというインドア派でした。小学校でも集団は苦手で、友だちと遊べないことを心配した母親に無理やり集団のそろばん教室、習字教室に入れられ、そして塾へも通いましたが、やはり学校と同様に、後ろで目立たず、習い事をしてそそくさと帰宅する毎日だったと言います。母親が野球なら集団で行動できるようになる、と考え、無理やり地元の野球少年団にも入れられたのですが、やはりなじめないし野球も下手で、早々辞めて挫折体験になったそうです。中学・高校時代も折氏は暗黒の時代だったと語っていますが、それでも中学校でアマチュア無線部に入り、日本国内で通信する仲間ができたそうです（が、卒業と同時につきあいもなくなったそうです）。またこの時期に一人遊びとしてスマホのゲームにはまっています。高校でもひき続きアマチュア無線部に入り、仲間はできましたが、授業後にどこかへ一緒に行くとか、休みの日に会うなどの交流はまったくなく卒業と同時に交流もなくなったそうです。勉強は、中学時代より理数が良くできた反面、国語は苦手で、特に現代文では作者の意図などの読解問題がお手上げで試験に苦労したと言います。大学は、小さい時から好きだった電気系を志望、1年浪人して志望大学へ入学しました。

大学時代――アイドル三昧・研究三昧・普通の大学生

解氏

大学時代は高校の延長でゲーム三昧の日々、ゲームの達人として地元のみでなくネット界隈でも有名人だったそうです。ところが、二〇歳になったときに、新しい関心事に衝撃的に出会うことになりました。「アイドル」です。当時、デビューしたてで人気沸騰のアイドル歌手を一目見て「これだ！」とやはり「直感的にひらめいた」そうです。それ以来、解氏の生活になくてはならぬアイドル人生が始まりました。アルバイトして得たお金でアイドルの関連グッズ、コンサートチケット、CDなど食費を削ってつぎ込んでいたそうです。部屋中ポスターが貼りめぐらされているのは、当時から今も変わりません。ゲームからアイドルに没頭の対象が変わった解氏ですが、一方、大学の専門課程では、手先の不器用さから実験備品を壊すことが多く、教員から叱責され「お前は不器用だから実験はやめて理論に行け」と言われて理論の研究室へ行くことになったそうです。そして、周囲に倣ってそのまま大学院進学しましたが、大学院も1年目はアイドル三昧、2年目から研究がおもしろくなり、論文を読みあさり、そこで日本の研究が遅れていることを知り、自分が何とかしなくては、と「突然、思い立った」と言います。その後は、一年中パソコンに向かう毎日。理論を考え、パソコンで計算、シミュレーションすべて一人の世界、すべて数字の世界なので楽しくて仕方なかったと言います。そしてもう一つ、解氏の「生活の一部」はアイドル情報をチェックし、グッズを購入すること、これもやはり楽しくて仕方なかったそうです。このように解氏の大学生活はゲームと研究とアイドルに没頭する日々であったといえます。

創氏

大学時代の思い出は何よりも、幼い頃からの趣味である「一人でだれも知らないような遠い場所へ行くこと」でした。行き先は、海外の「名もない島」です。バックパック一つで、世界地図を広げて、およその目星をつけて何日もかけて小さな島にわたり、そこでしばらく滞在するという、普通考えると危険と背中合わせの旅であったと創氏自身が振り返っています。もう一つの趣味は「読書」であったといいます。大学の図書館に行って、面白そうな本を片っ端から読んでいたそうです。また大学の授業も理系だけでなく文系の講義を他学部まで出かけて行って受講するなど、「知らないことを知る」ことが本当に楽しく、学部卒業時には、卒業に必要な単位数の1・5倍以上の単位数を取得したそうです。そして一人で好きなように実験できる環境は大学院だと思い、大学院に進学しています。

大学院時代は、朝から晩まで実験をしていたという創氏、ともかく実験がおもしろかった、失敗続きでもおもしろくて仕方なく「はまった」そうです。博士課程では、指導教員が勧めるテーマを断り、自分で見つけた研究テーマで「成功します」と宣言、朝から晩まで実験、実験の日々、しかし失敗続きだったそうです。一年間三六五日そのテーマに没頭していたら「頭がおかしくなった」と言います。そこで、先生に頭を下げ、頼んで別のテーマをもらって実験をやり始めたものの、やはり前の実験が気になってもやもやと集中できない日々だったそうです。そんなある日、ふと「あっ！　そうか！」とそれまで失敗続きだった前の実験の方法が直観的に頭にひらめき、その方法で成功し、学会で高く評価される研究となって、その後の研究所への就職が決まったと語っています。振り返ると、なぜそんなことに気づかなかったのかという単純な視点の転換だったとのことです。こうした苦労の連続だった大学院時代に、匙を投げかけ落ち込み、そして人生もあきらめかけたときに救ってくれたのは、反抗しても創氏の意見を常に尊重し、聴いてくれた指導教員だったそうです。指導教員は自分にとって「命の恩人です」と語っています。

折氏

高校までの生活は「暗くて普通ではなかった」ことを自覚する折氏は、大学に入ったら「普通の大学生の生活」を体験してみたかったと語っています。たまたま入学時の名簿の席が後ろの学生に学園祭実行委員（サークル）に誘われて、そのまま入ったそうです。最初は百名近いサークルで集団が大きすぎ、騒がしくうるさいことがかなり苦痛だった折氏です。それでも「普通の大学生活を体験する」ために我慢して参加しているうちに、数名の女子学生が声をかけてくれ、親切にしてくれたことがきっかけとなって、自分の居場所が見つかり、女子学生と話すことも楽しみになってきたと語っています。仲間とワイワイしながら学食で昼食をとること、構内を仲間と連れだった歩くこと、女子学生と話すことなど、全てが折氏にとっては初めての体験で緊張しつつも新鮮だったそうです。3年生まで続けて、3年時には、会計を任されるなど中心的存在になり「普通の楽しい大学生活」の経験ができたと冷静に語る折氏です。

専門の研究は一人でできるので楽しく「一人でできる」研究者の道にあこがれていた折氏は、迷うことなく大学院に進んだそうです。大学院の5年間、朝から晩まで研究室で実験とパソコンに向かう日々、正月三が日以外は大学の研究室にこもり、下宿よりも長時間滞在する研究生活だった、と語っています。

研究者時代以降――研究への没頭

解氏

大学院を終えて就職した企業では、社会に役立つことや、ものを発明することが重要であることを徹底的に教えられたそうです。「社会に役立つかどうか」は解氏自身は判断できないものの、自分は毎日研究をしていればよく、役立つかどうかは企業が評価してくれるので自分で考える必要もなく、研究が楽しかったと語っています。ただ、同僚が話しかけたり、相談してきたりするのが面倒で苦痛だったと言います。また礼儀作法やマナーでは上司に「叱られまくっていた」こともあって、毎日の出勤は苦痛で本当は一人で下宿で寝て考えていたかったとのことです。しかし、三〇代には大きな特許にかかわる理論で企業に大きく貢献し、その功績が認められ、その時に「社会に役立つことは良いことだ」と実感したそうです。そしてそれ以降は、毎日の定時出勤を免除され、一人の研究室を与えられ、研究への没頭環境が格段によくなり多くの論文を発表することができたと言います。その後、多くの業績が認められて現在の研究所へ異動しています。

現在の職場では、研究については、一人で没頭できることや設備も整っていることなど良いことが増えた反面、後輩の指導や年齢と伴に会議が増えたことが苦痛であると語っています。しかし、会議などの用事のない日は、自宅で寝て考えることができる上に、アイドルのコンサートにも自由に行くことができる現在の生活は幸せであると言います。そして解氏は、数年以内にもう一回、「世界中に変化をもたらす発見をしますよ」と予告しています。

創氏

大学院を終えて、就職先の企業の研究所時代は成果を求められて苦しかったものの、研究が楽しく日々夢中だったと言います。上司からは別の研究を指示されたものの、大学院時代と同様に、それを無視して自分の提案を見せて「これで成功します」と宣言したために、本当に苦しい戦いだったと言います。しかし、無事成功し、それが企業の大きな特許となり、それがきっかけで現在の研究所へと異動、当該分野での知名度も高くなってきたそうです。企業時代には、先輩から社会に役立つモノづくりの考え方を教えてもらい、現在に本当に役立っていると語っています。

一方、40代に入るころから、創氏の研究姿勢に変化が見え始めました。それまでは「一人で考え、一人で創造、一人で開発」、このスタイルを貫いてきたのですが、次第に、特許が増え、それを機会に起業し、後輩や学生との共同作業が増えてきた過程で、人と協働するともっとすごいものができることを体験したことが大きいと語っています。「協働」と「起業」の楽しさを知ったという創氏は、「人と協働すれば、不可能なことはない」が現在の口癖です。ときどき忙しさに疲れるけど、でも楽しくて仕方ない毎日だと語っています。

そんな創氏の夢は、「未来の子どもたちが幸福になるために役立つモノを創ること」です。

折氏

大学院修了後そのまま、助手として大学に就職したので企業経験はありません。企業のような大きな組織でやっていける自信がないので、その点でずっと研究組織にいられる今の人生は幸せだと語っています。研究室の上司は研究室の雑用をこなし、後輩を指導し、学会発表、論文さえ出していれば、他には干渉しないので、とても楽だとのことです。ただ唯一、ストレスを感じるのが、後輩の相談に乗ることと、学会場で、見知らぬ研究者に声をかけられたり、多少知っている程度の研究者と交流する必要があることです。折氏の子ども時代から最も苦手とする対人関係の場です。しかし「研究のためには必要な情報源」でもあるので、重要な機会と考えてこなしているそうです。また大学時代に「普通の大学生活」で得た対人関係スキルのお陰で、高校時代までに比べれば対人関係の場もとても楽になったとのことです。

ほぼ一年中毎日研究室へ出勤、実験室とパソコンに向かう日々ですが、こうした研究への没頭が実を結び、学会賞や論文賞を受賞しその分野では評価されるようになり、研究者としての人生をやっていけるという自信がついた、と折氏は語っています。秘かにねらっているのは「いつかはノーベル賞級の受賞」です。

ここまで3氏の生活史、家族、研究についての語りを紹介してきましたが、彼らの「創造性」はどのような環境の中から育まれてきたのでしょうか、彼らの生活史は「ごく普通の一般的な生活」だったでしょうか。また彼らの幸福感はどのようでしょうか？　これらのことを考える前に、ここで少しだけウェルビーイングという概念について触れておきたいと思います。

ウェルビーイングと主観的幸福感

ウェルビーイング（well-being）という言葉は特にこの数年、新聞、ニュースなどでしばしば目にしたり、耳にすることが増えました。政府はウェルビーイングに関する取り組みとして、我が国の経済社会の構造を人々の満足度（well-being）の観点から多面的に把握し、政策運営に活かしていくことを目的として満足度・生活の質に関する調査を公表しています（内閣府、2022）。こうした国を挙げてのウェルビーイング向上の政策から多くの企業が、「創造性」と同時に「ウェルビーイング」をキャッチコピーとしてこぞって掲げています。「未来を創造し、ウェルビーイングを目指した企業！」などという広告を見ると、その会社に入社すれば「創造的な未来と幸せな人生」が保障されているような気がしますね。

ところで、このウェルビーイングとはどのような概念なのでしょうか。この用語はもともと一九四六年にＷＨＯ（世界保健機構）が「健康とは身体的、心理的、社会的安寧状態であり、単に疾患や障がいがないことを意味するものではない」と宣言した際に用いられたことに始まるとされている用語です。つまり、従来は医療、福祉の領域で用いられることの多い用語でした。日本語では一般的に「幸福」と訳されることの多い用語ですが、もう少し厳密に言うと「身体・社会・心理の側面を総合して健康で安心できる状態であり、安定した状態かつ幸福を感じている状態」ということになると思います。簡単に言えば日本語では「幸福な状態」ということになります。

筆者らは、臨床心理学が専門ですので、中でも「心の幸福感」に関心があります。これは「主観的幸福感（subjective well-being）」と呼ばれるもので、一言でいえば「自分はよりよく生きている」という感覚や「自分は幸せである」という感覚であり、他人から見て幸福かどうかではなく「自分自身が幸せ（幸福）だと思っている」ということです。

筆者らはこの状態を主観的幸福な状態すなわちウェルビーイングな人生と考えています。

さて、この主観的幸福感と創造性との関係についてです。前述したように宮城（1967）は天才は時代からかけ離れた考え方をするために社会に評価されず、残酷な扱いを受けることが少なくなかったとして、具体的に事例をあげて不幸な人生であったことを示しています。

一方、一九九〇年代にはチクセントミハイ（1996）は創造的に物事にかかわっているとき、日常生活のその他の時間よりも充実した生を生きていると実感できるとして、物事がうまく進んで、集中した意識体験、楽しい経験をフロー体験と呼んでいます。つまり、創造性は「楽しく充実して生きている実感」を伴い、ウエルビーイングな状態であると言えます。

チクセントミハイがあげる創造性におけるフローの条件とは、①過程のすべての段階に明確な目標がある、②行動に対する即座のフィードバックがある、③挑戦と能力が釣り合っている、④行為と意識が融合する、⑤気を散らすものが意識から締め出される、⑥失敗の不安がない、⑦自意識が消失する、⑧時間感覚がゆがむ、⑨活動が自己目的的になる。

またチクセントミハイ（2014）は創造的人物に対するインタビューの結果から「創造的に物事にかかわっているとき、日常生活のその他の時間よりも充実した生を生きていると実感して…（中略）…彼らは極めて困難な仕事に取り組んでいる際の非常に集中した没頭した状態を、陽気な遊び、歓喜に満ちた、愉快な冒険として経験している」と述べており、筆者らが実施した面接の語りとの共通点が見られます。

ここで三氏に戻ってきてもらいましょう。三氏はそれぞれにかなり個性的な育ちの過程といえると思いますが、そこに共通する点や異なる点なども見えました。以下、項目ごとに見ていきたいと思います。

母親に対する感情

まず、家族です。3名ともにいわゆる「温かく楽しく優しい家庭」とは少々異なる家庭に育っていることが共通しています。筆者らが、家族の中でも注目したのは「母親との関係を自身がどう見ているか」ということです。話が少々それますが、臨床心理学では一般的に次のように母子関係を考えています。すなわち、周囲の人から客観的に見て「素晴らしく優しいお母さん」と評価されていても、当の子ども自身が「とんでもなく変な母親で嫌いだった」と語っている場合、臨床的には、客観的な評価である「素晴らしい」母親よりも、本人にとっての「嫌な母親イメージ」がその後の心の育ちには重要な意味があり影響を与えると考えます（これを内的対象関係と言います）。

さて解氏、創氏ともに「放任の母親」「家族の思い出はない」と語っています。折氏は「教育ママで厳しかった」と語っています。今回の調査対象である20名のうち「優しい母親だった」と語ったのは3名でした。また2名は母親について特に何も語ろうとせず「普通の家でした」とだけ語っています。つまり、20名中15名が、母親に対して、何らかの個別的な感情を抱えていることが示唆されたのです。特にこの傾向は、顕著な創造的業績をあげている研究者において、強く認められました。

少なくともこの結果のみからは、創造性の育ちの背景には必ずしも「温かな優しい家庭」であったり「優しい母親の愛情」は必須の条件ではなく、むしろ筆者らは、母親に対する複雑なあるいは負の感情が、その後の研究への没頭、つまり創造性へのエネルギー源につながるのかもしれないと仮説的に考えています。

集団よりも大切にしたい自分の世界

子ども時代です。解氏、創氏ともに「放任」の母親のもとで、それを「干渉されずありがたい」と肯定的に捉え「自由に一人の世界」を満喫できたと語っています。学校での先生からの叱責、つまり「外からの評価」をものともせず自分の世界に没頭する生活を楽しんでいた育ちは2人に共通しています。異なる点は、創氏は「知らない世界へどこまでも行くこと」が趣味であり、その点では、「外の世界に向かう関心」が強く、解氏は「アリの世界」への没頭、中学の途中からは「数学の世界への没頭」であり「内側の世界への関心と没頭」であったという点です。両者ともに現在の2人の研究の方向性につながるものです。

そして折氏を含め、3人ともに共通するのは、いわゆる「友だちと楽しく過ごした子ども時代」は語られなかったということです。すなわち「一人で過ごした時間」が子ども時代の楽しい思い出の中心でもあったと考えられます。また、解氏と創氏にとっては、小学校の先生は彼らを叱責する存在でした。母親が放任であり、彼らの学校生活に関心が薄く学校の評価に対して母親が無関心であったことも「学校の評価を気にせず自分の世界に没頭できた」という点では逆に功を奏したと言えます。

ここから見えてくるのは、いずれも子ども時代から一人の時間が楽しく、その時間は興味・関心への没頭の時間であったということです。そして、叱責されても気にしないのは本人だけではなく、子どもの育ちにとって、もっとも影響の強い家族、つまり周囲の環境も外部の叱責や評価などに（結果的に）反応しなかったということです。

没頭する興味・関心の世界については、面接からは20名のうち約半数の語りに見られました。子ども時代に没頭した世界は、「知らない場所へ行くこと、アリ、鉄道、レゴ、プラレール、電気工作、プログラミング」などさまざまです。ちなみに、スポーツに関しては、解氏、創氏、折氏からは経験が語られず（解氏は不器用で運動はまったくできない）、運動が好きでずっと続けていたと語ったのは5名の大学院生でした（野球、サッカー、テニスなど）。

子ども時代の興味の世界への没頭ぶりについては、発達障害圏の特性を強く思わせる熱のこもった語りも認められましたが、語りの濃さには個人差がありました。

楽しい研究生活

共通する語りとしてまず挙げたいのが「研究が楽しい」という体験があったことです。しかも解氏、創氏は大学受験では深く専攻は考えずに入学したものの、ある時期から「おもしろくて仕方ない」と研究に没頭し、創氏は「三六五日実験に失敗し続けてもおもしろかった、頭がおかしくなりそうで、実際、あの頃はおかしかった」と語っています。この「おもしろさと没頭」は幼少の頃より続いてきた「特定の物事への興味・関心の没頭」という特性が濃く継続していると考えることができるように思います。

折氏は「おもしろくて仕方ない」ことは共通していますが、過程が少し異なります。最初から研究者志望でした。理由は「一人でできる仕事だから」ということです。折氏は、子ども時代から抱えてきた悩みである「対人関係」をできるだけ避ける方法として「研究の道」を選んだのかもしれません。希望通り「一人で研究室にこもってできる研究は面白くて仕方ない」と語っています。

そして現在です。三氏ともに共通するのはやはり「楽しい毎日」という言葉です。解氏は、大学時代から変わらない「アイドルと研究」の二足のわらじの道を歩み続け「数年以内にもう一回、世界中に変化をもたらす発見をします」と淡々と語っています。創氏は、「未来の子どもたちが幸福になるために役立つモノを創る」という大きな夢を語り、「想像ではなく自分には一〇年後の世界が見えているので、実現できるのは当然です」と断言し、生き生きとした人生を歩んでいます。折氏は、幼い頃からの「対人関係の悩み」について、大学時代に苦労しつつも人づきあいのスキルを学んだことで随分楽になったと語り、「好きな研究を一人でできる環境」にとても満足しています。

内面から湧き出る研究へのモチベーション

現在に至る研究者としての歩みに関する語りにおいて、筆者らが注目したことの一つに「研究への動機づけ」の強さ、があります。「楽しくて仕方ない」「正月三が日以外研究しているがその環境が楽しい」「一人でできることが楽しい」など、疲れたり、苦しいことがあることを語りつつも、それを超える「楽しさ」があることを熟練・若手研究者は語ってくれました。筆者らは、これらの語りに、心理学でいう「内発的動機づけ」の強さを見い出しています。内発的動機づけとは、すなわち「外的報酬（給料、評価など）」がなくても「やりたい」という自身の内側から発生する動機づけのことです。それに対して「外発的動機づけ」とはその行為自体を楽しむのではなく、何かのために行動することです。例えば、単位が必要だから仕方なくレポートを書く、卒業したいから研究する、あるいは、先生に叱られるから宿題をするとかです。これに関連して、数学者でフィールズ賞受賞者の広中平祐（1981）は、創造の段階で頭角を現す人々に内在する精神性の特徴を8つ挙げ、未知のモノへの強い好奇心、徹底的な没頭、奇抜な思いつきに対する執念、成功の可能性は低くても全力を傾ける勇気など、そこにあるのは、いずれも「内側から湧き出る力」の重要性であるとしています。また宮城（1967）も創造性発現のパーソナリティにおける重要な要素として「主体の能動的働きかけ」を挙げています。つまり、外側からではなく、自らの内側から湧き出る積極的な働きかけ、は創造性に影響しそうだということです。

一方、大学院生の一部において「先生に言われたテーマだから研究しています」とか「卒業のため仕方ないから」などの言葉が聴かれたことも事実でした。彼らが内発的動機づけをもって潜在する能力を発揮できるように育てたいものです。

創造性を発揮する6つのポイント

筆者らは面接における語りの分析を通して、創造性発揮に関与する重要なポイントとして以下の6つを考えました。

①必ずしも「温かく優しい普通の家庭」に育つ必要はない。
②母親に対するイメージはどちらかというと、負のイメージが強い可能性がある。
③幼少あるいは子ども時代から、興味のあることへの集中と没頭の力が認められる。
④学校での叱責を自身も周囲（特に家庭）も気にしない。
⑤対人関係は幼少の頃より総じて苦手であり、一人の活動を好む傾向にある。

⑥研究生活は「頭がおかしくなりそうな」苦労はあっても総じて楽しく、ウエルビーイングな人生を歩んでいる。

面接の結果から得られたこれらのポイントは、「創造性を発現する条件」とか「彼らは発達障害圏である」とかを結論づけるものではありません。ただ、こうした人生の歩みや特性を有する彼らが、現在、創造的な業績を挙げてウェルビーイングな人生の過程にいることは事実です。

創造性の育ちとウェルビーイング

心理学者の宮城が「創造的天才は時代からかけ離れた考え方をするために社会に評価されず、総じて不幸な人生であった」と報告したことは既に本書でも述べてきました。対象となったのは、紀元前から一八世紀にかけての天才たちでした。

一九九〇年代以降、心理学者のチクセントミハイによると「創造的人物は困難をもポジティブな体験として歓喜や楽しみ、すなわち幸福に生きている」と報告しています。筆者らは、「高い創造性を有する人物は幸福か不幸か」と議論するつもりはありません。しかし、「優れた創造性」は、主観的幸福感つまりウェルビーイングと関係しそうだ、ということは本研究の対象となった彼らの語りから見えてくるのではないかと考えています。

筆者らの調査では（山内ほか、2023b）今どきの日本の大学生はほどほどの主観的幸福感で生きていること、一方、理系の大学院生は総じて学部学生よりも幸福感が低い傾向にあることが示されています（本章の後のコラムを参照)。理系大学院生の潜在する能力が開花すれば、解氏、創氏、折氏のように人生の幸福感につながるかもしれない、と思いたくなるものです。大学教員はその点でも彼らの特性を理解し育てる姿勢が大切ではないかと考えています。

また、筆者らの実施した子どもたちの幸福感に関する国際比較調査（松本・野村，2023）からは、子どもたちが幸せとか不幸せと思う内容は国によって随分異なることが示されています（こちらも本章の後のコラムを参照)。日本の子どもたちは総じて、ある意味では日常のささいなことに「幸せ」を感じている一方で、フィンランドのように「自己実現」に幸せを感じる国の子どももいます。

こうした結果から考えられることは「主観的幸福感の様相は国や社会や年齢によってさまざまであり多様である」ということです。いつ、どのような状態で幸せと思うか、不幸と思うかは人によって随分異なる、ということです。つまりウェルビーイングな人生を考えるときに大事なことは、実は当たり前のことですが、本人がその出来事、その状態をどう感じているかということに尽きると言えます。

その点から言えば、解氏、創氏、折氏の育ちを見てください。解氏は、予定のない日は家で寝て考える研究の日々、趣味のアイドルは人生の一部として30年以上没頭する日々、子ども時代はアリに没頭し学校では叱責の日々でしたが、現在の生活にとても満足しています。創氏は、家族や母親との楽しい思い出はなかったけれど、子ども時代から「一人で知らないところへ行くこと」を楽しみとして育ち、その趣味が現在では「知らないものを創る」という創造性の原動力になっているように見えます。そして、ときどき疲れるけど楽しい幸せな人生を歩んでいます。

では折氏はどうでしょうか。子ども時代より人づきあいに悩みながら生きてきました。しかし、研究者として有望視され、何より「一人で研究できることが楽しい」と語り、成功と発達の途上にあります。このように彼らの現在はいずれも主観的幸福感の高い、ウェルビーイングな人生を歩んでいると言えます。

彼らの育ちは、一般的に言えば「温かい家庭での普通の育ち方」とは異なり、相当に個性的な生き方であり育ち方であったようにみえますが、その結果が「現在の幸福感」を生み出しているとも言えます。

精神科医の小西（1981）は、日本が生んだ偉大な宗祖——親鸞、法然、空海、道元、蓮如など——の生活史とその創造的活動（すなわち著作や教団創設などその時代における顕著な貢献）について病跡学による分析（創造的活動の背景を人物の生育歴、パーソナリティを通して精神病理的に検討すること）の結果、一つの結論として、次のように述べています。「筆者らは、社会の枠組みにはまることを健全な生活と思い込んでいるが、あらゆる人間がそうであらねばならぬとしたら適応とは自己埋没と同義であり……凡庸な協調も現実には否定することができないが、個性的な孤独が異端視されてはならない……ここに現代の筆者らが学ばねばならない人間としての一つの生き方が示されている（傍点は筆者）」と語っています。

多くの宗祖たちの生き方は、宮城のいう「天才の人生」にも通じるものであり極めて個性的で、その時代には「適応的」でなかったし「異端」でもありました。しかし八世紀から十五世紀の日本において、創造的能力の発現が新しい宗派として結実した高僧たちの人生を通して、小西は「不適応として異端視される個性的孤独」こそが創造的活動につながることを示していると言えます。現代において、例えば発達障害に対して「不適応」とか「孤立」とかの見方は、この「異端である」という一元的な見方にも通ずるものです。こうした社会の見方に小西は警笛を鳴らしていたようにも思われてなりません。

コラム①今どきの大学生の幸福感

山内星子

本書に登場する創氏、解氏、折氏は、それぞれ個性的に大学生活を過ごし、言葉の端々から研究に取り組む楽しさや興奮が伝わってきました。今時の大学生は皆、このような感情を抱きながら学生生活を送っているのでしょうか。このコラムでは少し対象を広げて、近年の一般的な大学生の姿をご紹介するために、二〇一九年に国立A大学（以下、A大学とします）の学生を対象に行った調査の結果を紹介したいと思います。A大学は学生数1万6千人の総合大学であり、広大なキャンパスに文理両方の学部が設置されています。特に研究には力を入れており、理系学生の多くが大学院に進学します。なお、調査は大学設置の倫理審査委員会の承認を得て実施されました。

調査対象者＝A大学学生2、088名（学部1年生2、073名、理系大学院生115名）

データ①人生満足度

ディーナー Dienerら（1985）が作成した人生満足度を測る尺度の日本語版（角野、1994）を使用しました。今回は、この尺度で測定した人生満足度を幸福感とします。世界で広く使われており、5項目から成っています。数字が大きいほど人生に満足していることを示します。

データ②発達障害傾向

自閉症スペクトラム指数短縮版（AQ-J-10）（Kurita, et al., 2005）を使用しました。数字が大きいほど自閉スペクトラム傾向が強いことを示しますが、この値が高いことですなわち自閉スペクトラム症というわけではない点には注意が必要です。

日本の大学生の幸福感

調査の結果、幸福感の平均値は2・94（標準偏差0・84）でした。これは、角野が一九九四年に発表した大学生二〇〇名の結果である2・71とほぼ同じであり、日本の大学生の一般的な幸福度を示す値と言えるでしょう。諸外国のデータと併せて図1に示します。欧米に比して日本の大学生の幸福感はやや低いことは否定できません。Sustainable Development Solutions Networkが毎年発表している世界幸福度調査の結果でも日本は中位に位置することが多く（本調査と同じ時期の調査で

153カ国中62位（Helliwell, et al., 2020)）、この結果と一致するものと言えるでしょう。

もう少し詳しくA大学学生の幸福感を見てみましょう。文系、理系、医療系学部生の3群と、理系大学院生に分け、それぞれの平均値を図2に示します。医療系の学部生が最も高く、理系大学院生が最も低いという結果になりました。この2群の間には、小さくはありますが統計的に有意な差も見いだされました（$F(3, 2246) = 3.46, p = .016, \eta^2 = .005$)。全体的にほどほどな日本の学生の幸福感ですが、大学院生ではそれより少し低い幸福度を示しているかもしれません。この調査では幸福感と発達障害傾向の他にも心理的適応に関する指標について尋ねていますが、大学院生は学部生に比して、抑うつ、不安が高く、自尊感情が低い

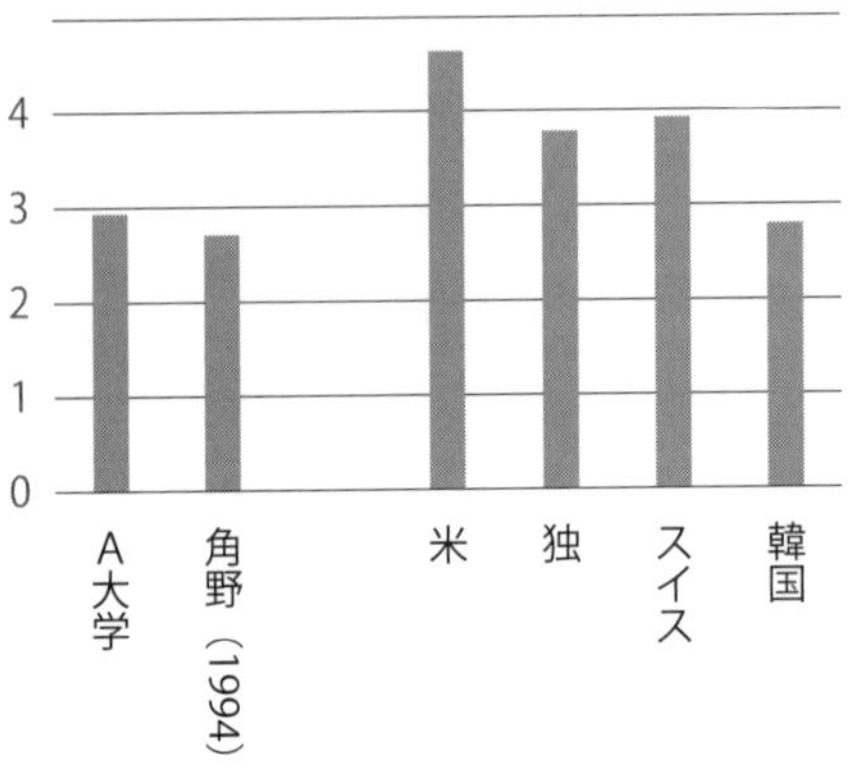

図1　大学生の幸福感比較

注）角野（1994），Matheny ら（米：2002），Hinz ら（独:2018），Pialage ら（スイス:2005），Cha（韓国：2003）を元に作成。

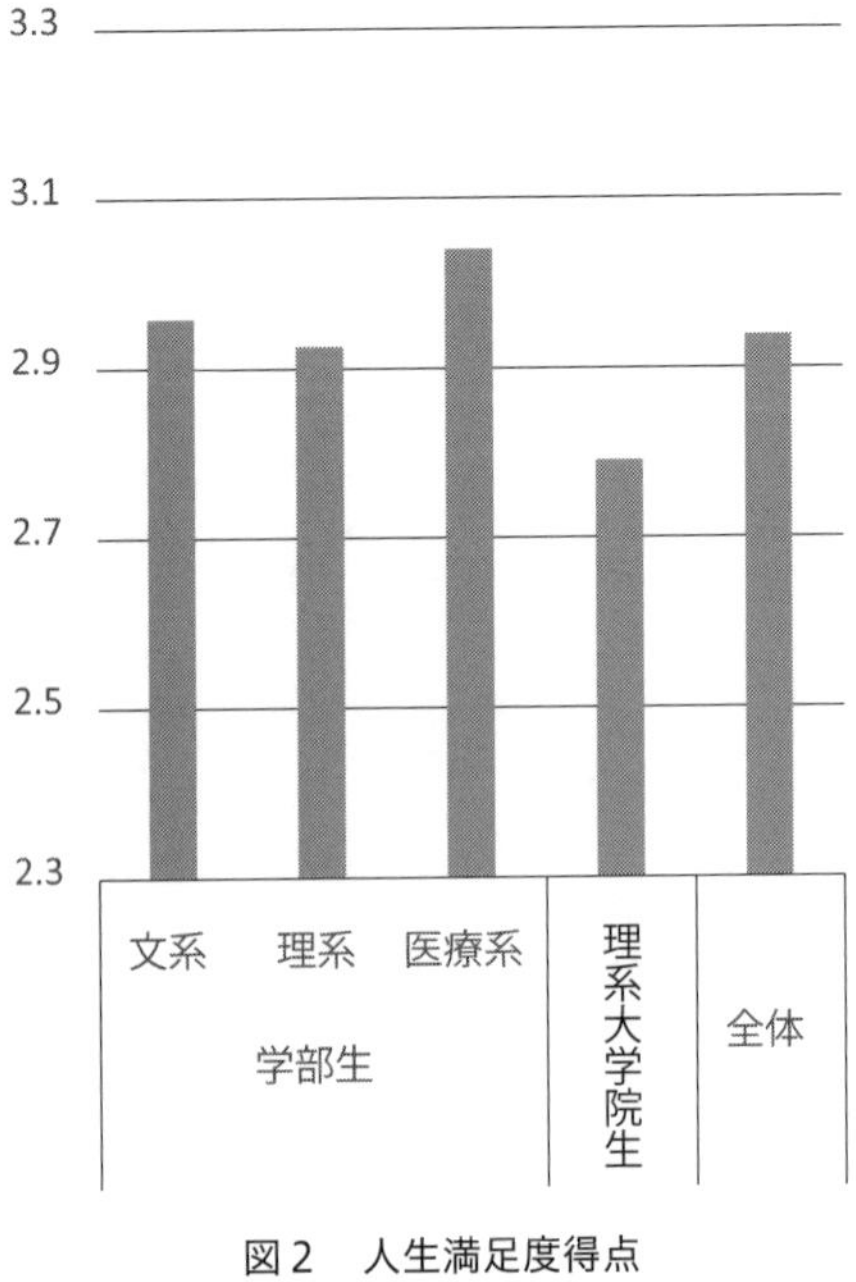

図2　人生満足度得点

という結果でした。

これについて筆者は、2つの背景を想定しています。1つは対人関係です。学生らは学部4年生から研究室に所属しますが、大学院に入るとより中心的なメンバーとして研究室での人間関係を築き、徐々に研究上の公的な対人関係が増加します。こうした環境は大学院生の研究や人格的な発達を強力にサポートする一方で、場合によってはって大きなプレッシャーとなったり自信喪失のきっかけになることもあるでしょう。もう1つは研究面での悩みです。大学院での研究には高いレベルが要求され、研究に対する高いコミットメントが求められます。大学院に進学したもののやってみるとそれほど興味を持てなかった、やりたいことと違った、という場合には、他のメンバーとの温度差や将来への不安から精神面にゆらぎが生じることもあると考えられます。

発達障害傾向と幸福感

本書では1章から、強い個性と創造性を併せ持つ研究者や学生についてお話ししてきました。その個性の1つに発達障害傾向があると考えられますが、これまでに行われた膨大な研究は、発達障害、中でも自閉スペクトラムの傾向が強いほど、幸福感やウェルビーイングが低いことを明らかにしています。本調査でも、発達障害（自閉スペクトラム症）傾向を示すAQ-J-10の得点と幸福感の間に負の関連がみられました（r = −.157, p <.001）。しかし、3名の理系研究者（特に創氏、解氏）は、ユニークな特性を持ちながらも、思う存分研究に取り組んだ幸福な学生生活を送ったようです。こうした学生は現実には少数派なのでしょうか。

図3は、幸福感の高さ別に、発達障害傾向の高低の割合を示したものです。AQ-J-10のカットオフ値（10点満点中7点）以上の学生を高群として集計すると、全体の10・7％が高群に該当します。幸福感が低い学生の中には発達障害傾向高群の割合が多く、幸福感が高くなるほど発達障害傾向高群の割合が少なくなっていきます。しかし、少数ながら平均値よりも高い3以上の幸福感を示す発達障害傾向高群の学生も存在することが読み取れます。一般成人を対象とした調査でも、少数ではありますが発達障害傾向が高くても適応の良い一群が存在することが報告されており（若林ほか、2004）、発達障害傾向が高くとも、幸福に生きている人々が一定数存在していることは間違いないでしょう。

では、どんな要素がその幸福感をもたらすのでしょうか。強い個性を持つすべての学生が幸福に生活を送るた

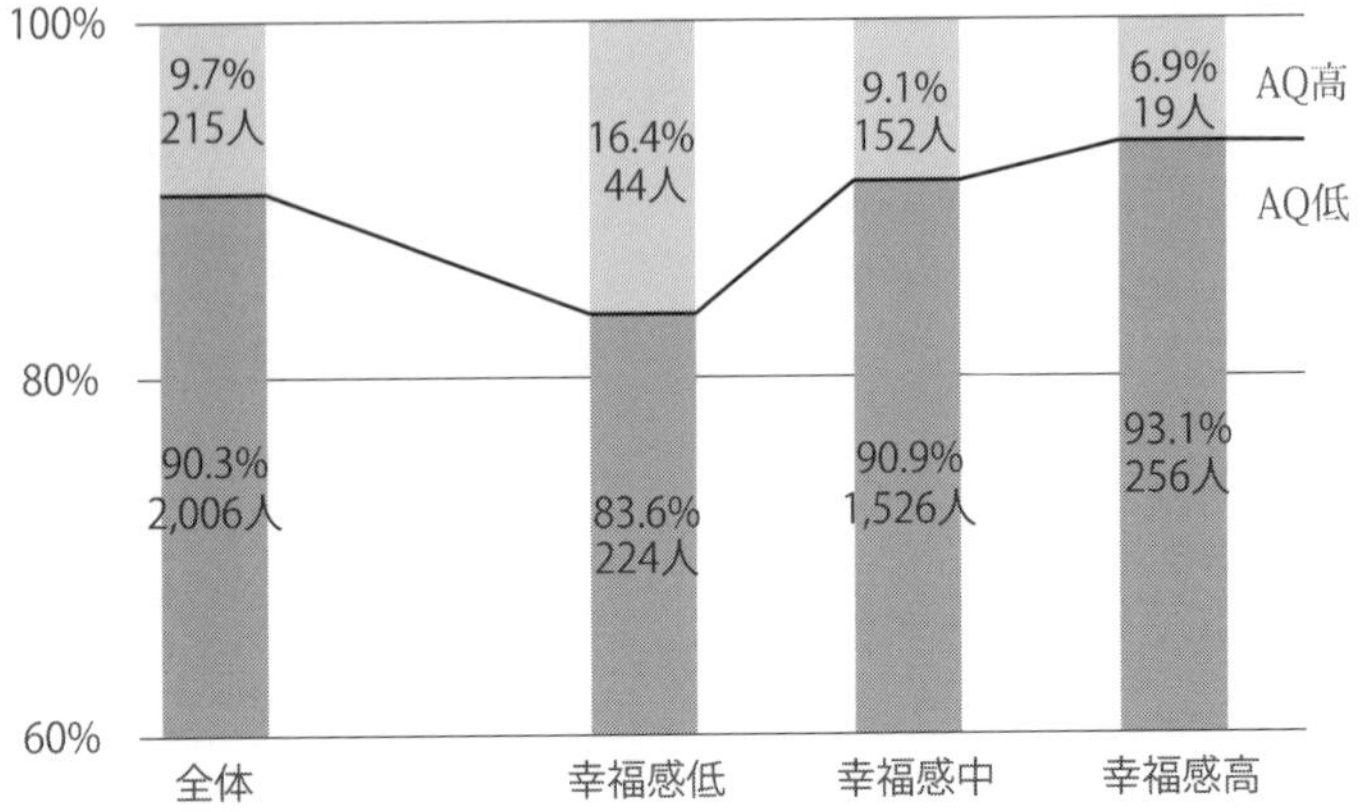

図２　人生満足度得点と自閉スペクトラム症傾向との関係

めのヒントを得るために、筆者らはさらに分析を行いました（山内ほか、2023b）。幸福感の程度は、その人が生きる環境や周囲の人々との関係によって大きく変化します。発達障害傾向と幸福感の負の関連を媒介している要因として、主観的な困り感とソーシャルサポートの少なさを想定した分析を行ったところ、発達障害傾向が強い場合、周囲から受け取れるソーシャルサポートが減少し、結果として幸福感が低下するというプロセスの効果が最も大きいことが分かりました。この結果は、発達障害傾向が高くても、周囲の人とのかかわりを十分に持つことができれば幸福感を育んでいける可能性が大きいということを示唆しています。熟練研究者の語りには、一人で研究することの楽しさと、人とかかわることの重要性が同時に含まれています。強い個性を持つ学生が幸福感の中で才能を十分に発揮するためには、周囲の人々のサポーティブなかかわりが一層重要と言えるでしょう。

コラム②今どきの子どもたちの幸福感と不幸感

野村あすか

文章完成法を用いた幸福感の国際比較研究

幸福感に関する研究は成人を対象としたものが多く、子どもに焦点を当てたものはあまり見られません。そこで筆者らは、二〇一八年に小学校4～6年生の子どもたちに協力してもらい、幸福感と不幸感に関する研究を行いました（Ninomiya, et al., 2021）。この研究は、成人の幸福感に関する研究（大山，2012）を参考に「わたしがしあわせなときは……」「わたしがふしあわせなときは……」という書きかけの文章を提示して、そのあとに思いつくことを自由に書いてもらうという文章完成法形式で実施しました。また、日本の子どもたちの特徴をより詳細に明らかにするために、筆者らの研究グループと交流のあったフィンランドとモンゴルの研究者に依頼し、現地の小学校4～6年生相当の子どもたちにも調査に協力してもらいました。フィンランドは教育や福祉が充実しており、近年では世界幸福度ランキングで1位を獲得するなど注目を集めている国です。モンゴルは日本と同じ東アジア圏に位置する国ですが、農耕民族や遊牧民族としての歴史を主とする特徴的な生活様式が認められることなどから、日本の子どもたちとの共通点や相違点をより浮き彫りにしやすいと考えました。調査協力者は、日本人児童が約４７０名、フィンランド人児童が約２５０名、モンゴル人児童が約１２０名でした。子どもたちの文章は、計量テキスト分析ソフトであるKH Coder（樋口，2020）を用いて単語に分解し、語のカウントが可能な形に変換しました。そのうえで、各国においてどのような語が特徴的に出現していたのかを図式化しました（共起ネットワーク分析）。そして適宜、元の文章にも立ち返りながら、それぞれの語がどのような文脈の中で用いられているのかも確認しました。

子どもたちの幸福感

まず幸福感については（図１）、どの国の子どもたちの記述にも「家族」「友達」「一緒」に加えて「学校」「好き」「行く」という語が多く登場していました。家族や友人などの重要な他者と一緒に過ごすことは、国や文化を超えてある程度共通した幸せの形であると言えそうです。また、「学校」は「行く」や「楽しい」とともに用いられることが多く、学校生活が充実していることが幸

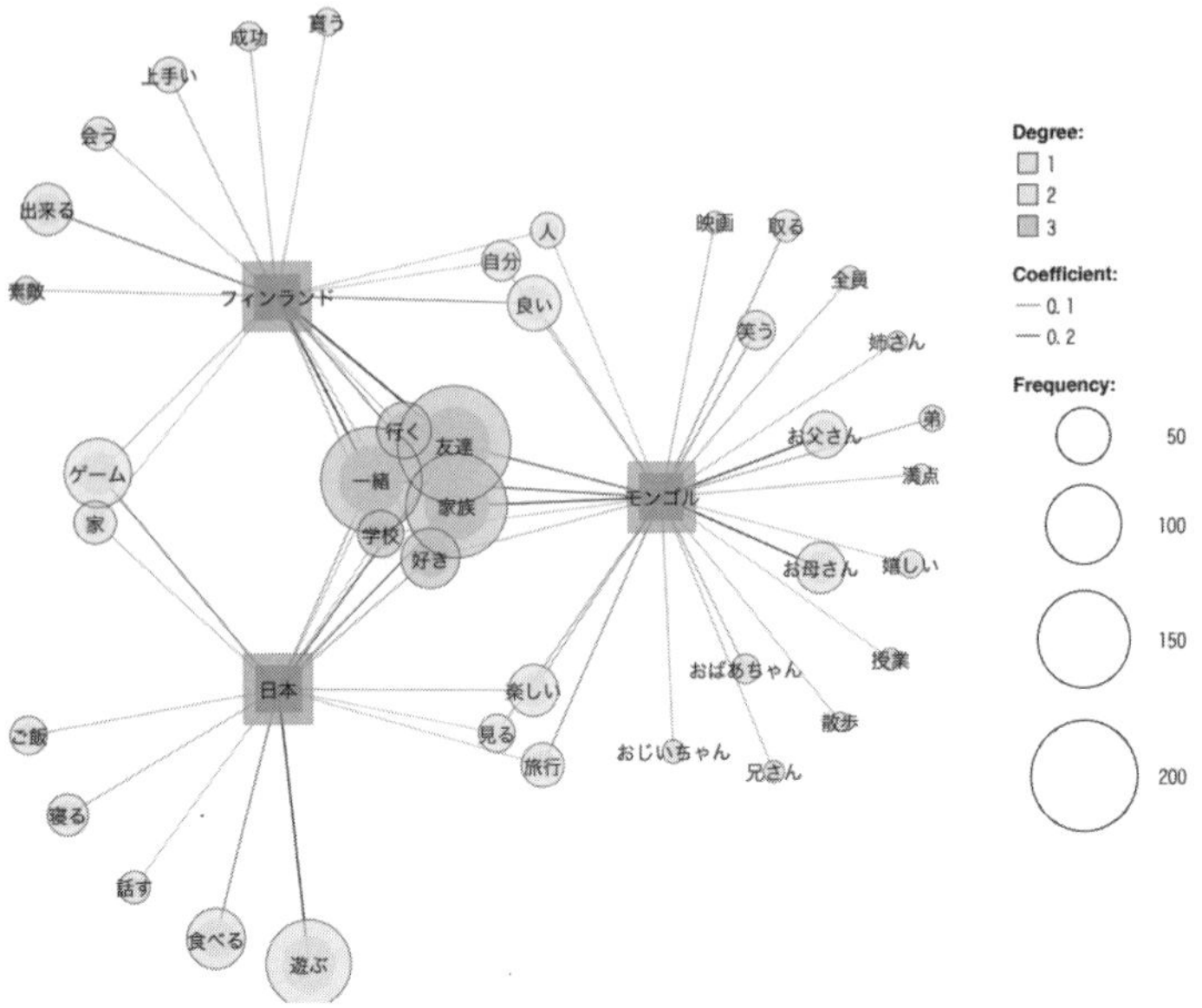

図１　幸福感（しあわせなとき）に関する共起ネットワーク分析の結果

せにつながっていると考えられた一方で、「家」や「帰る」とともに用いられることもあり、帰宅後に幸せを感じる子どもたちもいるようでした。「好き」は「ゲーム」や「食べる」などとともに用いられており、自分の好きなことができることに幸せを感じる子どもたちが多いようでした。

各国の特徴として、日本の子どもたちは「ご飯」を「食べる」ことや、「遊ぶ」「話す」「寝る」ことなどを挙げていました。日常生活の中で満足できたりゆっくり過ごせたりするときに、幸せを感じているようです。フィンランドの子どもたちは、学校をはじめとしたさまざまな場面で何かが「成功」すること、「上手く」いくことや「素敵」なことが起こることなどが幸せだと考えているようでした。自律性や達成感といった側面も幸せに関係しているようです。モンゴルの子どもたちは、たとえば「お父さん、お母さん、おじいちゃん、おばあちゃんと映画を見に行くとき」というように、家族とともに何かをすることに幸せを見出しているようでした。また、試験などで「満点」を「取る」ときなど、学業上の達成も幸せに関わっているようでした。

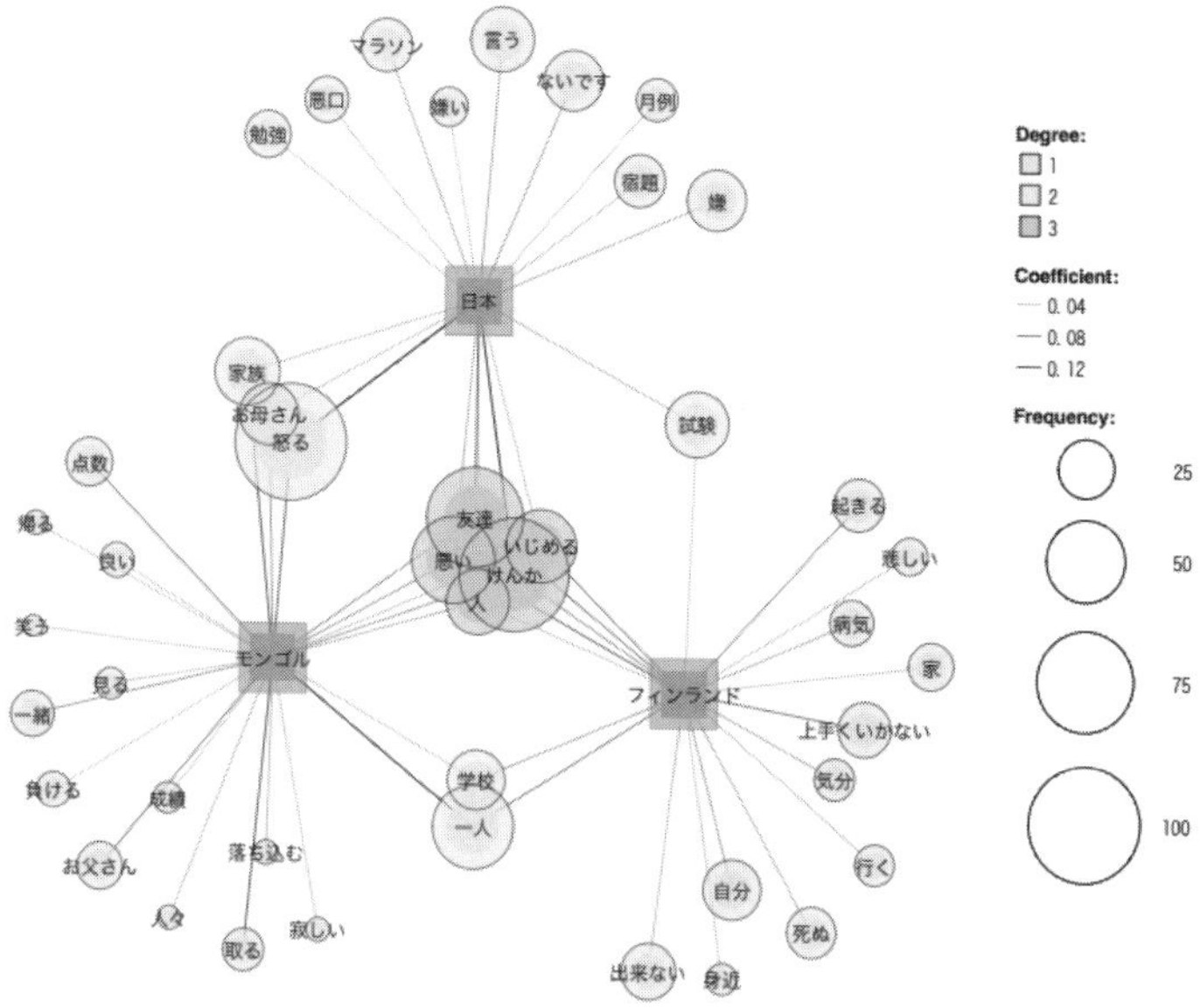

図2　不幸感（ふしあわせなとき）に関する共起ネットワーク分析の結果

子どもたちの不幸感

続いて不幸感についてです（図2）。どの国の子どもたちの記述にも、「友達」「けんか」「いじめる」「悪い」「人」という語が多く登場していました。重要な他者との間に何らかの亀裂が入ることや、「だれかがいじめられているのを見たとき」など、自分が当事者でなくてもその場面に遭遇することは、国や文化を超えて不幸せだと捉えられているようです。「悪い」については、試験の成績の悪さに言及している子どもたちが多く、学業成績を意識している姿が窺われれました。

各国の特徴として、日本の子どもたちは「勉強」「宿題」「マラソン」など学校生活に関連することや、「嫌い」なものを食べたり「嫌」な教科に取り組んだりすること、そして親や先生などの大人が「怒る」、すなわち大人から怒られることなどが不幸せだと感じているようでした。なお、「ないです」は不幸せなことがないという意味で用いられていました。フィンランドの子どもたちは、何か「悲しい」ことが「起きる」こと、「自分」や「身近」な他者の「病気」や「死」、およびさまざまな物事が「上手くいかない」ことが不幸せだと考えているようでした。モンゴルの子どもたちは、「試験で悪い成績を取ってお父さんとお母さんに怒られる」というように、「怒る」対象がより明確に記述されていました。また、「一人でいるとき」や、家族などと「一緒」にいられなくて「寂しい」ときといった記述も認められ、他者とともに過ごすことの有無が不幸感に関わっているようででした。

幸せの形は国や文化によってさまざま

以上のように、各国の子どもたちの幸福感と不幸感には共通点と相違点があることが見えてきました。家族や友人といった身近な他者との関係性は、国や文化を超えて、児童期の子どもたちの幸福感にも不幸感にも大きく関わっていることがわかりました。一方で、各国の特徴について見てみると、フィンランドの子どもたちには、個人の自律性や達成感が幸福感と結びつきやすいという西洋文化の特徴が、モンゴルの子どもたちには、特に家族との関係性が幸福感あるいは不幸感と結びつきやすいという東洋文化の特徴が反映されているようでした。日本の子どもたちは、西洋・東洋文化のどちらかの影響が強いというよりは、学校生活を含めた日常生活の中での快・不快の経験が幸福感や不幸感に関わっていることが特徴的でした。これらのことから、何をもって幸福あるいは不幸だと感じるのかについては、国によってさまざまであることが示されたと言えます。

なお今回は、国ごとの特徴を示すことに重きを置いてきましたが、同じ国に住んでいたとしても、幸福感と不幸感の様相が個人によって異なることは十分に考えられます。子どもたち一人ひとりが日々どのような経験をしているのか、そこから何を感じとっているのかに着目することは、子どものウェルビーイングを考える際の重要な視点になると思われます。

第Ⅴ部　秘めた創造性を育てる

――ウェルビーイングへの道

研究の結果にもとづいて，潜在する創造性の能力を育てるにはどうしたら良いか，ということを具体的に考えてみたいと思います。

大学関係者には，教育指導方法について，学生自身にとっては，潜在する能力を伸ばすには，という課題に対して役立つ知識になることと思います。

第11章 創造性の3本柱を育てる

第Ⅲ部の最後にまとめたように、筆者らは心理検査の結果、理系研究者を4タイプに分類し、それぞれのタイプにおけるパーソナリティ、認知・思考の特徴を中心に分析した結果、大きく拡張的思考、分析的思考と直感的思考を創造性の3本柱と呼んでいます。

では、こうした能力を育てるにはどうしたら良いのでしょうか。ここではその3本柱にそって、そうした力は自分自身でどうすれば育つのか、あるいは、教育の中で育てることができるのか、について考えてみたいと思います。

創造性の3本柱の濃淡図

図11-1は3つの特徴を図示したものです。これらの思考特徴がスペクトラムの下の方、つまり図の左下方であれば、各能力は「突出した能力」ではありません。その方がむしろ日常生活や集団生活では楽に生きられる、つまり「生きやすい」と思われます。一方、拡張的思考、分析的思考のいずれか、あるいは両者が平均以上に高い場合、一般域からはずれることになります。平凡な日常生活を営むにはそれゆえに、少々大

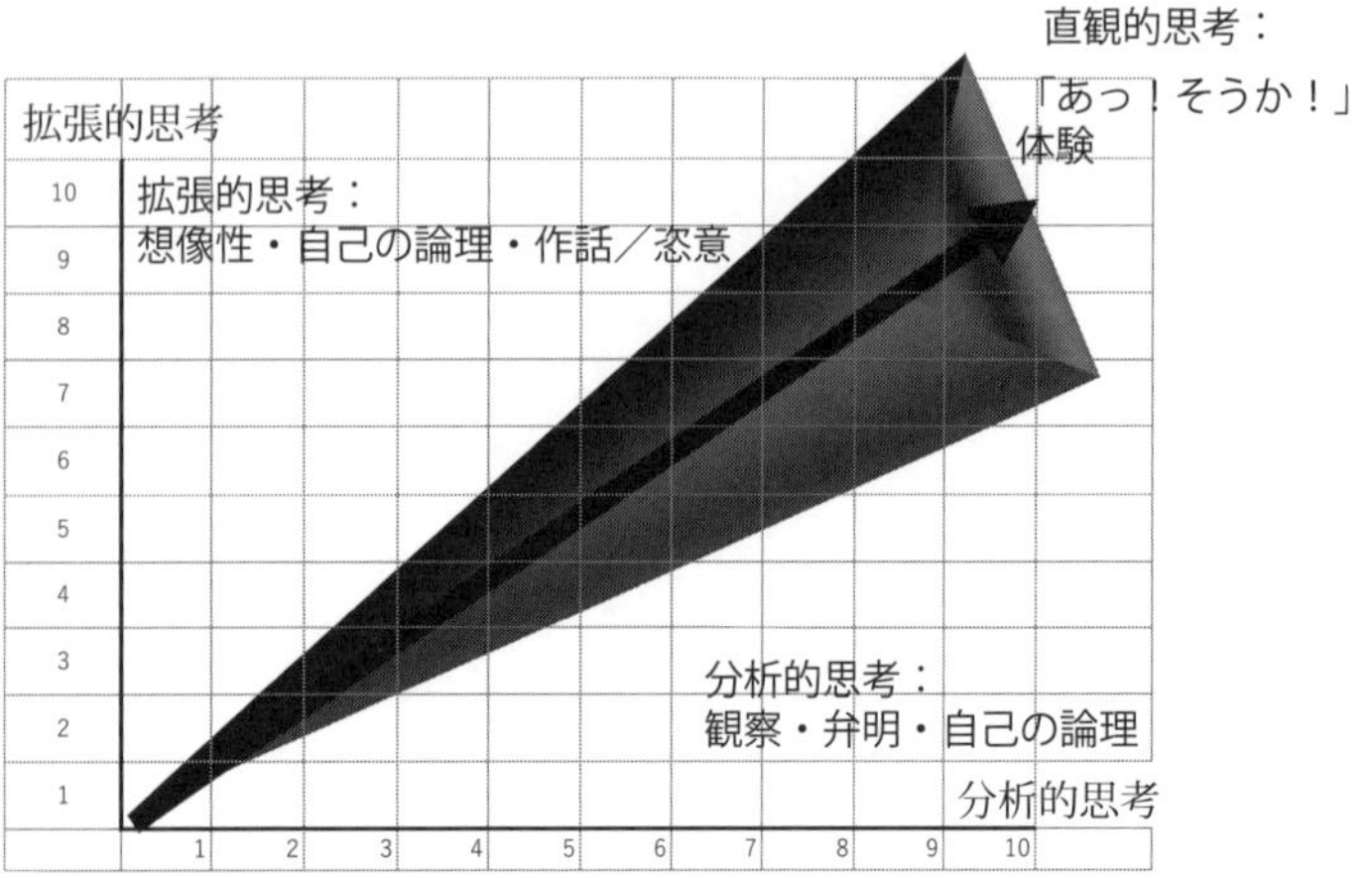

図 11-1　創造性に関与する３本柱

変であったり、「変わった人」と思われることも予想されます。創出型研究者の創氏は、拡張的思考の縦軸が突き抜けるほどに高得点位置にあり、その上での集中と直感の力が加わって、優れた創造的研究を行っています。解明型研究者の解氏は、分析的思考の横軸が突出しており、やはり優れた創造的研究を行っています。

この３つの特性、拡張的思考、分析的思考、直観的思考は特に理系科目が好きで理系に進んだ青年においてはすでに程度の差こそあれ、潜在的に持てる能力なのではないか、というのが今回の調査の一つの仮説でもあります（今回の調査は理系研究者対象です）。また、いわゆる発達障害圏ではないか、と悩んでいる皆さんの中にも、こうした優れた特性を突出して備えているけれど、その発現の方向性が定まらない、あるいはその能力が悩める方向に発現されてしまっている状態の方がいるのではないか、と思います。

自分の能力に悩む皆さんは、まずは自分がこの図のどのあたりに位置しているのか、あるいは自分は創出・解明・途上・潜在のいずれの型に該当するのか、考えてみてください。

大学教員はじめ周囲の関係者皆様とは、そうした特性を顕著に持つ学生をどのようにしたら育てることができるのか、について考えてみたいと思います。

拡張的思考を育てる

この思考では、

①見慣れない曖昧な視覚刺激に対して関心をもって粘り強く注視し、たくさんの反応を言葉にする。
②「一般的にどうか」という基準よりも「自己の論理」を優先する。
③豊かな想像性とともに、作話的、恣意的思考傾向の強い反応が産出される。

こうした思考の特徴が、創出型の創造性発現の要因の一つと考えることができます。こうした能力を育てるヒントについて筆者らは以下3点を考えています。

①新奇な物や事柄に対して、関心をもって眺める機会を増やす――新奇性に積極的に関心を向ける。
②印象や感想（反応）を言語化する――言葉で表現する機会を増やす。しかも、できるだけたくさんの感想（反応）を表現。
③「人にどう思われるか」「常識的ではないかもしれない」ことは気にせず、自己の論理を大切にする――外からの評価をせず、自身（学生）の論理をともかくまずは尊重し認める。

ロールシャッハ法は10枚の曖昧なインクブロットをみて「～に見えます」と「見えたもの（似ているもの）」を反応として言語化する検査です。創出型研究者は、1つの刺激に対して平均7個の反応を産出しています。一般成人は平均すると2個程度です。背景には「関心と粘り」と「外側の評価」を気にしない態度と思考があり、そこに豊かな想像性と独創的反応が発揮されることになると考えられます。

ロールシャッハ法の創始者である精神科医ヘルマン・ロールシャッハは、『精神診断学』の中で、「ロールシャッハ場面は問題解決の場面に他ならず…（中略）…反応数の多さは創造性につながる」と述べています。また「聡明な人」は「視覚的な記憶心像を大量に有している」ことを指摘し、その記憶心像を適切な時に喚起させる「連合の緩さ」も重要であることを述べています。簡単に言えば、記憶庫の中にはたくさんの視覚イメージが保存されていて、そしてそれを、柔軟に引き出しから引っ張り出し、反応として言語化できる人が「聡明な人」であり「創造的な人」の条件ということです。想像する力を鍛えることは、創出型の創造性につながる一つの大切な要素と言えるのではないかと考えられます。

たくさんの視覚的なイメージを記憶庫に保管していること、そしてその引き出しは、いつでも柔軟に開けられることが重要です。こうしたことは大学教育においても、自身の生活の中でも、育てることが可能です。例えば、たくさんのかつ広範な種類の体験によって、記憶庫には多様なイメージが保管されます。教育においてもこうした視点がきわめて重要と思われます。

ここで危惧されるのが、現代の子どもたちの想像する力の低下です。筆者らは、二〇〇〇年以降の日本の子どもたちの大規模なロールシャッハ法調査において、一九五〇年代の子どもたちに比して、現代の子どもたちにおいて、総じて反応時間の短縮化、反応数の低下、内容の貧困化が示されました（小川・松本、2005）。すなわち、現代の子どもたちはかつての子どもたちに比して、新奇刺激に対して「簡単に素早く詳細は観察せずに処理する」ということです。ちなみに、この傾向は子どもたちに限らず、成人にも同様の傾向が認められています。情報にあふれる現代社会において、当然と言えば当然の帰結かもしれません。むしろ、こうした傾向を良しとする風潮もあります。時短と効率の価値観です。しかし、こうした傾向から粘り強い関心や豊かな想像性は育ちにくいのではないかと危惧されます。

松沢（2011）は想像する力は人間だけに備わっているものであり、それゆえに記憶することが可能であり、現在だけでなく過去や未来を思うことが可能である、と述べています。想像する力は、創造につながる重要な資源であることは一九三〇年代においてすでに心理学者のヴィゴツキーも強調しています。ヴィゴツキーは「想像力があらゆる創造活動の基礎として文化生活のありとあらゆる面にいつも姿を現し、芸術的創造、科学的創造、技術的創造を可能にする……そして、想像力による創造活動は人間の過去経験がどれだけ豊富で多様であるかに直接依存する」と述べています。

創出型研究者の拡張的思考は優れた想像する力を発揮しています。大学教育では、こうした基礎となる能力について、もっと関心をもって学生の教育、研究指導を考えることも大切なのではないかと考えています。

分析的思考を育てる

次は分析的思考です。この思考では、

①じっくり観察して慎重に反応する。
②反応の際には弁明（自己批判的弁明と外界批判的弁明）しつつ言語化する。
③弁明しつつも反応を言語化する際には「一般的にどうか」よりも「自己の論理」に自信をもって言語化する。

が主な特徴であり、解明型研究者における創造性発現の要因の一つと考えることができます。こうした能力を育てるヒントについては以下3点を考えています。

①見慣れない物や事柄に対して、じっくり観察し、自分の記憶や知識と照らし合わせてみる。新奇な対象を時間をかけて観察する——創出型とは対照的で、時間をかけて細かい部分も観察する、その結果として、反応数は少なくなるのですが、じっくり観察しつつ、記憶庫との照合をしていることが考えられます。

②反応を言語化する際に、自己批判、外界批判の視点を意識する——解明型研究者は、見慣れない物には慎重に取り組むことが特徴です。そして反応を言語化しつつ「本当はこの部分がちょっと形ヘンですけど」とか「私は見たことがないのでよくわかりませんが、すみません」など弁明が一言ついてくる傾向があります。「本来なら～の点で実際と異なるけど」とか「自分は見たことないから違っているかもしれないけど」などの態度は客観的、冷静に事物を観察する上では大切な態度と思われます。また同時に、「あらかじめの弁明」はもしそれが間違いであった場面では、「やっぱり自分は知らなかったから仕方な

い」とか「実際の形とは違うと思っていたけど」とか外部からの批判や自己評価の低下を予防することのできる優れた自己防衛の方法でもあります。

③「自己の論理」を自信をもって主張する――これは創出型の④と同じ思考特徴です。解明型の場合には弁明しつつ最後には「自己の論理で自己主張」します。つまり、言語化するときには「自分を信じる」ということです。細かい部分への注目や観察は、特にＡＳＤ傾向の強い人には得意な能力でもあります。

「自己の論理」の育て方

筆者らが特に注目しているのが、拡張的思考、分析的思考にかかわらず、反応として言語化する際には上述の「自己の論理」を主張するという点です。すなわち「人にどう思われようと、自分はそう思った」と言語化する際には、自信をもって言語化するということです。

この「自己の論理」についてロールシャッハ法にそってもう少し説明してみたいと思います。図11‐2をご覧ください。ロールシャッハ法というのはインクのシミでできたあいまいな視覚刺激に対して「何に見えるか」を答える心理検査です。すなわち眼前にあるのは見たことのない「未知の刺激」です。それに対して自分なりに思考し「～に見える」と対応せねばなりません。それを言語化して初めて「反応」として検査者と「共有」されることになります。そのプロセスは大きく2つに分類されます。一つは、「他者志向的反応」――刺激にもっとも近い（似ている）と思われる形態のものを記憶庫の中から引っ張り出して「反応」に仕上げるプロセスです。「もっとも近いと思う」思考の背景にあるのは「刺激」の向こう側に透けてみえる「集団」すなわち一般社会の常識的なものの見え方です。簡単に言えば、「他の人と同じような見

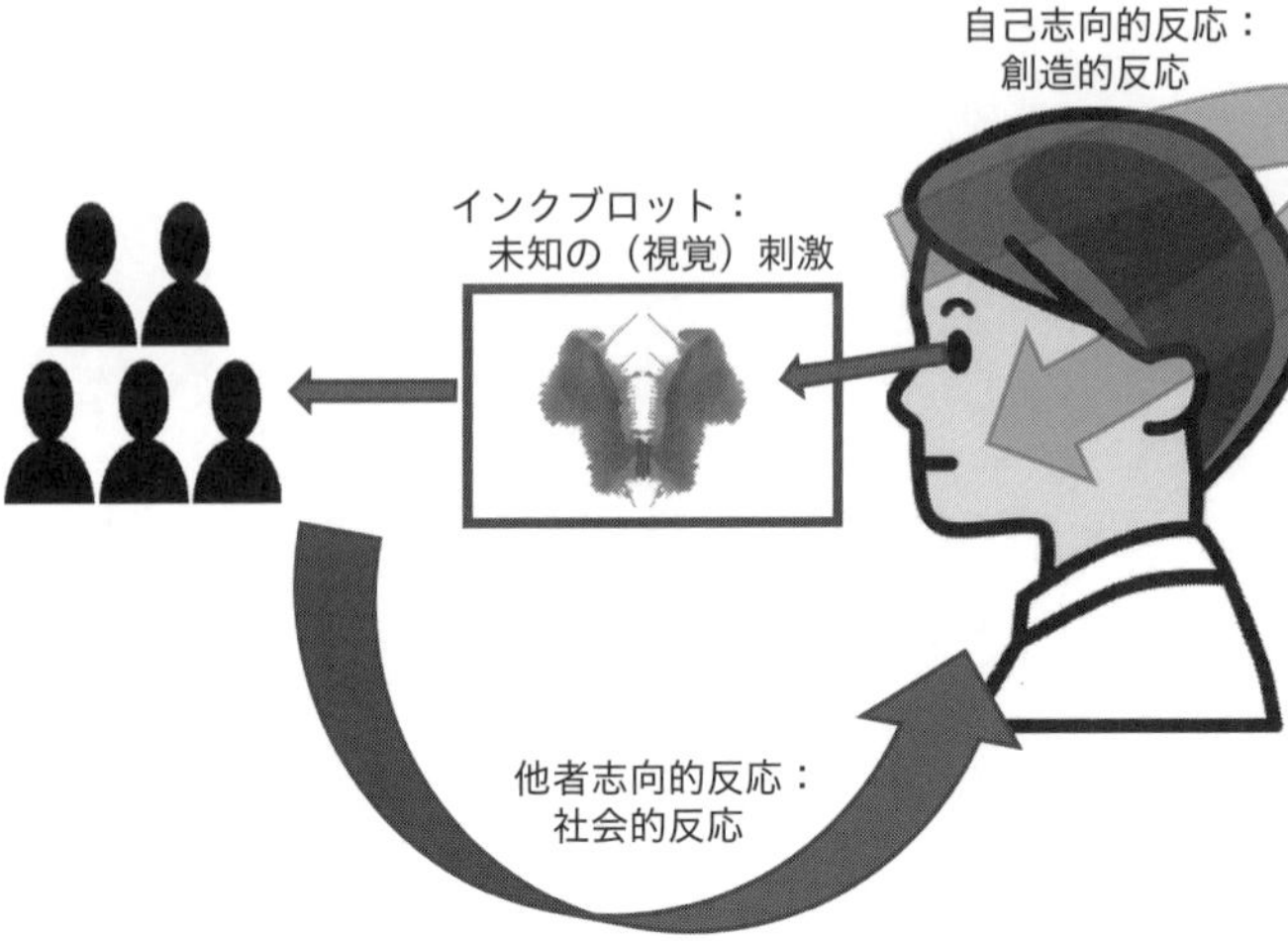

図 11-2　他者志向的反応と自己志向的反応

方をすればよい」と考えることです。その結果として言語化されたロールシャッハ反応は現実的な見方（認知）のできる常識的、適応的なパーソナリティという解釈になります。これが多くの一般的な人々の対応であり、「集団適応」の基盤となるものです。

もう一つは「自己志向的反応」の思考プロセスです。他者志向的反応と異なって、未知の刺激に出会ったとき、向こう側の集団を意識することなくあくまでも「自分の見方」を大切にする思考です。その結果、他者と見方が異なったりズレたり、一般的でなくなることも多く、筆者らの調査結果に示されたように、現実的見方の指標が低値の「現実からズレた見方（認知）」と言えます。「集団不適応」の対応のあり方です。こうした思考特徴が「自己の論理」であり、それを自信をもって主張するのが、創造的的能力を発現して活躍している理系研究者集団であり、その先に、誰も思いつかなかったような創造性が発現されていると考えられます。

言い換えれば、創造的な彼らは「未知の世界」の出会いに心が開かれています。そして、自己の内側にある豊かで自由奔放な連想を駆使して世界とかかわりあうことができる力を有すると言えます。

一方で、彼らはロールシャッハ法のパーソナリティ解釈から言えば「現実的ではない、一般的な物の見方に問題のあるパーソナリティ」ということにもなります。ちなみにノーベル化学賞と平和賞を受賞したポーリング（Linus Carl Pauling）を対象としてロールシャッハ法を実施したロールシャッハ論文があります（Gacono, C. B., et al., 1997）。その中でポーリングのパーソナリティは「現実的ではなく、思考の障害が顕著」と分析され、人格の程度は「精神病のレベル」と報告されています。ポーリングはノーベル化学賞とノーベル平和賞を受賞するというその時代と社会において大いなる貢献を評価されている人物です。

筆者らの結果はポーリングの結果に類するとも考えられます。すなわち、自分の持てる能力を創造的な形で発揮する人々は「現実の枠」にとらわれることなく、自己主張する「自信」を有するものだということです。言い換えれば、「自信をもって堂々と（一般的、常識的には）ズレた見方を主張できる能力」です。こうした背景には高い自己肯定感を有することも想定されます。自己肯定感があるからこそ自信をもって主張できるのです。しかし、一方では、「常識的な対応ができない」ということで、時にはポーリングのロールシャッハ結果のように「思考障害」とか宮城の天才論のように「精神病レベル」とされることになるのです。

さて、発達障害圏とされる子どもたちです。小学校に入れば、自分が周囲からどう思われているのか、を理解し、それが大きく自己評価に影響するものです。「人と違った考え方や理解、対応」の結果、叱責やからかい、場合によってはいじめや孤立に繋がり、楽しく自己評価を伸ばす経験は学校生活では相当に難しくなります。彼らの自己肯定感は下がる一方です。そしてそれは意欲低下に繋がります。そのためにさらに叱責と孤立……発達障害圏の子どもたちが悪循環にはまる典型的なパターンです。彼らの秘めた能力はこの時点ですでに頭打ち状態、伸びる可能性の芽も創造性の芽も摘み取られることになります。

自分は発達障害圏ではないか、と悩む学生皆さんに伝えたいことは「自己の論理」は、むしろ自信をもって大切にしてほしいということです。それは「現実の枠組み、常識」からはずれていたとしても、どこかで創造的能力として花開く可能性を秘めているということです。

大学教員は、そうした一見常識的ではない行動や思考こそが創造性の芽の可能性であることに大いに注目して、彼らの非凡な能力を見い出し、そして彼らの自己肯定感を下げることなく発揮させる環境を提供してほしいと考えています。

直観的思考――「あっ！　そうか」ひらめき能力を育てる

創出型、解明型研究者に共通して認められた特徴です。創出型の場合には、次々と「～に見えます」と言語化しているうちに「あっ！　巨大な鳥の神様にも見える！」とか「あっ！　待てよ、これが目だとすると、これが鼻、人の顔のようにも見えますね」など集中して見ているうちに「待てよ！」とひらめきの反応がありました。没頭集中のうちに、新しい想像が浮かんでくるのではないかと思われます。

一方、解明型研究者の場合には、しばしの沈黙の後に「これはバルタン星人です、間違いない」とか「間違いなくムーミンです」とか、空から降ってきたかのようなひらめき反応を言語化する瞬間は確信的です。

こうした「ひらめき＝直観的思考」の背景には、インクブロットへの集中と没頭が観察されたのですが、この能力を育てるには次の２つが大切ではないかと考えています。

①（日頃から）集中・没頭する体験を大切にする

「天才」と評されている解氏は、幼稚園時代、一日中アリを観察し、集団生活が一切できなかった（したくなかった）と言います。この著しい「没頭する力」は生来のものであった可能性が高いと思われます。成人してからは没頭の対象が物理現象の世界に変遷し、その世界に没頭することで世界的な発明や発見を重ねています。解氏は「一年中、自分の部屋で寝ていたい、寝ているうちにひらめく」と語っています。暗い部屋で孤独に寝て考えている姿はあたかも瞑想の世界を彷彿とさせるものです。解氏のこの生来的な特性は、幸いにも集団を重んじる学校教育の枠にはめられることなく、結果的には成人になるまで守られ育てられてきたと言えます。そして研究者の創造性として特性は花開いたと言えます。

さて発達障害圏学生の特徴の一つに、あるものや事柄に「超オタク」ということがしばしば見受けられます。筆者らの関係する大学にも「コレクション自慢の会」というサークルがあります。そこに集まる学生たちは、皆、自分の興味関心のモノや事柄に精通しています。定例の会は、自分のコレクション（趣味）の自慢話を好きなだけしてよい、という会です。彼らの中には学業よりコレクションに没頭、という学生も少なからずいます。趣味に没頭し、その話をしているときは、周囲の反応は目に入っていません。楽しくて仕方のない自分の世界があるのです。この「集中・没頭」できる自分の世界を大学の中で守り育てるのもサークルの一つの目的です。一方、指導教員にとっては、「そんなオタクの趣味よりも研究をしなさい！」とか「時間の無駄」と思われ「卒業がかかっている、単位が危ない」と指導するのは当然の親心です。学生の中には解氏同様に、生来的にこうした力を強く持っている一群がいます。それを妨害されたとき（妨害するのは、大学では本人のためを思う教員が多い）場合によっては、怒りから教員とトラブルになったり、逆にうつ状態で不登校になることもあります。

教育の視点の転換は、難しいものではありません。学生が強く「集中・没頭」する自分だけの世界を持っていることがわかったとき、それは「創造性につながる世界」であるかもしれないことを理解し、いつかその力が社会で花開くことを信じて、彼らの能力を尊重すること、少なくとも潰すことなく育ててほしいものです。なおコレクション自慢の会については、コラムにおいて「コレクション自慢の会にみる創造性」と題してこの会の主催教員で、ひきこもり青年の支援と研究を専門とする精神科医の古橋忠晃先生の寄稿を後ほど紹介します。

②想像する力をつける：記憶庫にイメージを貯めよう

「あっ！　そうか」という発想は、創出型のように「量で勝負」と解明型のように「一発勝負」型があります。いずれにしてもそこにあるのは「新しい発想」という創造性に至る道です。この新しい発想は、まったくの「無の世界」から言葉として発せられるものではありません。持っている記憶庫（記憶心像）の中から取り出され、組み合わされて、新しい発想（反応）となるのです。

その記憶庫に選択肢がたくさん入っていることは、重要な条件です。さまざまな経験から倉庫に保管するイメージを増やすこと、そしてもちろん、創造的研究への発現においては、研究の基礎となる知識の保管も重要な条件であることは言うまでもありません。

能力を発揮する環境も大切

ここで解氏について研究仲間が語る彼の特性を巡るエピソードを紹介したいと思います。「一日中、寝て考えたい」という解氏の一体どこから、創造性が発揮されるのでしょうか。

解氏は実験にも興味関心が強く、実験する研究者から話を聴くのがとても好きだそうです（大学時代には、不器用で実験器具を壊してばかりいて教員から叱責されていたという苦い思い出のある実験です）。そして、実験からヒントを得て、自分の理論を構築するのですが、一つのこと（テーマ）に「ものすごく夢中になり、のめり込み、突き詰め、そしてそこから見い出す（発見する）力のすごさ」が解氏の天才的たるゆえんではないか、とのことです。では「のめり込む」対象をどのようにして見つけるのか、これについては、「わからない」そうです。なぜそこに？と研究仲間も思うそうです。（解氏の幼少の「アリ」へのこだわりも、なぜアリなのか？　解氏自身も答えることができません。そして「ひらめいたアリ」への没頭の日々でした）。つまり、これが解氏の「直観的ひらめき」と思われます。「ひらめき」と「のめり込み」から30代には世界中の技術開発競争の方向を一夜にして転換する理論を発表しています。こうした新しい理論構築の能力は二つの特性、すなわち「のめり込み」と「ひらめき（直観）」によって発揮され天才と評される要因になっているのではないか、と研究仲間は語っています。

もう一つ、解氏の特性を理解するエピソードがあります。40代のことです、解氏が所属する組織とそこに関連する組織の連携事業計画が発生し、その橋渡し役に解氏が自ら名乗りをあげたそうです。本来なら解氏がやる必要性はまったくなかった、とその研究仲間は語っています。その時には、なぜ解氏が自ら名乗り出たのか不思議と驚きだったそうです。その橋渡しの仕事は「一人で研究の世界に没頭する」解氏にはおよそ似つかわしくない仕事だったからです。集団と集団をつなぐという作業に、解氏は「のめり込み、突き詰め」集団間を奔走し、睡眠不足と極度の疲労困憊で精神的に不安定になった時期もあったそうです。そしてその結果、橋渡しは上手くいかずに解氏には徒労だけが残ったそうです。

こうした同僚から聴くエピソードに見えるのは、やはり幼児期から続く「興味・関心への集中と没頭」の特性であり、没頭の対象は「直観的なひらめき」に導かれているということです。それが研究への直感の場合には世界を変える理論として花開くのですが、一方、人と人との間に入る、という「人の世界への直感」に向くと、上手くいかず、精神的な疲労困憊を招くことになるということです。解氏の特性を発揮する場、すなわち環境についてこの場合には、選択を誤ったと言えるかもしれません。

解氏のこのエピソードは創造性に繋がる特性はどうすれば天才的に花開き、どこに向かうと失敗するのか、ということを興味深く示唆するものと言えます。発達障害圏学生の特性を発揮する方向性を学生本人と一緒に考え、花開く方向へ導くことのできる大学教育が期待されます。

第12章

知能検査にみる凸特性を育てる

知能検査の結果は、ロールシャッハ法に示されている拡張、分析、直観の思考特徴に関連する認知機能を詳細に数値化したものと考えられます。創出型、解明型そして途上型ともによく似た認知指標のプロフィールを示していることは第5章で紹介しました。具体的な数値の高低は、研究者により異なりますが、認知特徴はおおむね類似している、ということです。その中で筆者らが、注目しているのは次の3点です。

①言語理解指標の高さ。
②知覚推理指標の高さ。
③処理速度の相対的低さ。

この3点は、創造性に繋がる特徴の可能性が考えられ、大学教育において意識されてもよい点ではないかと考えています。

言葉を操る力を伸ばす――言語理解指標に示される特性

言語理解指標の中でも創出型・解明型ともに高いのが「知識一般」と「理解力」問題でした。知識一般というのは、いわゆる一般的かつ常識的な問題で、例えば「芥川龍之介は何で有名ですか」とか「昭和の次の元号は何ですか」などです。こうした一般的な知識に高得点を挙げるということは、日頃から本を読んでいる、歴史や文学にも関心を示しているなど自分の専門外にも関心や好奇心を持っているということでもあります。研究者の中には、読書が好き、歴史が好き、という研究者もいる一方、「国語は苦手」「歴史が苦手」と語る大学院生は少なくありませんでした。意識して、専門外の領域への関心を拡げてみること、あるいは読書などが重要かもしれません。

また「理解力」という指標は、例えば「なぜ横断歩道は青で渡らねばならないのですか」といった一般的、常識的な場面でどのように対応すべきかなどを問う（言葉で説明する）問題です。理解問題の得点は社会性（社会的・常識的な対応ができる）の程度を予測すると言われています。この指標も創出型・解明型ともに高得点であった一方で、後述するように、彼らは「自由に見て答えてよい」というロールシャッハ法の場面では「自己の論理を優先」すなわち「自己中」を存分に発揮しています。この結果が示していることは、彼らは、社会的にふるまうべき場面では社会性を発揮し、一方「自由で良い」と言われると、社会の枠を容易に外れ「自己の論理」で生きることができる、ということです。すなわち「社会性」と「自由な世界」の間を柔軟に行き来できる能力ということです。

自由な自分中心の世界を大事にしつつ、社会の中で生きる知恵は「知識」「スキル」として増やすことも大切、ということを示唆する重要な結果と言えます。

社会に生きる上で、人との関係を作り、繋ぐ基礎は「言葉」です。自分の気持ちや考えていることを「言葉」で伝える、つまり言語化の能力は生きやすくするためにも大切な点であると考えられます。

イメージを操る力を伸ばす――知覚推理指標に示される特性

この指標は、視覚的な刺激を具体的に操作してパズルのような問題を解いたり、提示された視覚刺激を頭の中でイメージ操作して回答するなどの能力です。特に重要な認知機能としては「視覚刺激をイメージ上で操作する機能」です。理系の実験や研究において、目の前の視覚情報（数字、物質など）を頭の中でイメージして動かすとか操作してみるという能力は重要な機能です。理系大学院生はこうした能力に優れている傾向が示されています。彼らによると、ゲームのお陰だそうです。知能検査のパズル式ゲーム問題は「（スマホゲームと）よく似ている問題」であり慣れているとのこと、ゲームで鍛える研究能力ですね。

また知覚推理機能は、発達障害圏の一部の学生では得意とする能力であることが少なくありません。特にＡＳＤ傾向の強い学生は、視覚情報の記憶（数字、図形、記号）、イメージ操作や集中力に優れており、研究や専門的技能として発揮できる場は多いと思われます。創出型・解明型の高得点が示すように、これらの能力は発揮されれば創造的研究につながる能力の可能性が高いと思われます。この指標は、知能理論では、いわゆる「流動性知能」に属するもので、さまざまな問題解決に対する新しい方法の応用や創造につながるものとされています。こうした創造性に関係する能力が、ゲームでも鍛えられることはゲームの意義とも考えられますね。大事にしてほしいです。

図 12-1　どこが不足しているか？

一方、特に熟練・若手の理系研究者の特徴としての知覚推理指標の中の「絵画完成」という問題の結果に興味深い特徴が認められました。この問題は、一般的な物（例えば茶碗）や場面（例えば自転車に乗っている）が描かれた図版を提示するのですが、その絵の中には、重要な部分が一カ所描かれていません。「絵の中でどこが不足しているか」を答える問題です。一般的には細かい部分に注目するＡＳＤ傾向の人なら得意なはず、と考えますね。理系研究者には、この問題が顕著に低得点の一群が認められたのです。解氏もその一人です。例えば図12-1を見てください。「どこか大切な部分が不足しています」と質問されれば、多くの人は「しっぽがない」と回答します。「犬のしっぽが描かれていない」のが正解です。解氏は、そこではなく「犬の足の開き方の角度がおかしい」と、予想もしない部分を指摘する傾向が顕著でした。解氏にとっては「常識的な不足部分と考えられる犬のしっぽ」よりも「自分にとって間違っている部分」が目についてしまい、それを回答するのです。その結果、平均以下の低得点となってしまいます。絵画完成問題が不正解であった研究者に正答である「不足部分」を説明すると、一様に、不満げな表情でした（自分の回答が正しいと主張する）。すなわち一般的、常識的な認知よりも「自己の論理」を大切にする思考に一致するもので、それだけ個性的な視点を大事にしているし、自信を持っているということだと考えられます。

処理速度は活かし方次第

処理速度指標とは、記号で示される視覚刺激を素早く書き写す（模写する）、間違いを探して消す、などの視覚と運動の協応した素早い処理が求められる機能です。

大学院生の特徴として、この能力が極めて高い一群がいます。彼らはやはりゲームで鍛え、正しい図形は一瞬で記憶し、それと異なる図形を探して消す、という問題は「簡単」だそうです。一方、理系研究者は創出型・解明型に特異的と言えるほど低得点の一群が認められました。彼らの感想の多くは「間違ってはいけない、こういう問題はスピードよりも正確さが必要です」というものでした。低得点であったことの弁解のようにも聞こえますが、実際、一つひとつ丁寧に図形を確認しながら作業する姿が認められました。解氏の場合には一つひとつ「この図形にはこの記号……」と独語で確認しつつ、とてもゆっくりな作業でした。「できるだけたくさんやってください」という教示よりも、背景には「間違えてはいけない」ことに価値をおく研究者要因と「正確さを求めるこだわり」要因が考えられますが、少なくとも知能検査で測定される「処理速度」得点に関しては、創造性発現に直接反映される機能ではないと考えることもできると思います。

ただ、潜在型院生に存在するこの指標に秀でた一群の能力は、未来の創造的研究の基盤になる可能性があるかもしれません。

まとめ──学生の能力への気づき・尊重・環境

創造性に関与する能力を育てる教育のヒントについて考えてきました。大切なことは、一言で言えば、学生の秘めた能力に気づき尊重すること、そしてその能力を発揮できるような環境を提供し、方向性を考え支援することです。特に発達障害圏と思われる学生は、秀でた能力を有していても、それ以前のコミュニケーションの段階で、教員と距離ができてトラブルになることも多々あります。大学教員自身は、すでに優れた創造性を発揮する研究者であると同時に、後進を育てる教育者でもあります。学生の未来のウェルビーイングを見通し、個性を尊重した教育を考えていただくことを願っています。しかし、そうは言いつつ、日々多忙な大学教員であることは承知の上です。そのために、資源となる大学内の学生相談、キャリア相談あるいは障害学生支援は学生だけでなく教員のサポーターでもあります。ぜひ、活用してチームでの学生支援を考えていただきたいと思い、コラムで「学生相談のすすめ」として、学生支援の専門家である鈴木健一先生の寄稿を紹介しています。

また、昨今、マインドフルネスが世界中で流行中です。マインドフルネスとは元来、仏教の瞑想・坐禅に端を発しているもので、精神安定、集中力向上、創造性開発などの効果がうたわれ、米国の大企業も社内で取り入れていることなどから、流行している精神集中の方法です。「毎日15分のマインドフルネスで創造性が向上する！」などの本も出版されています。わずか15分の訓練で創造性が向上すればこんなによいことはないかもしれません。このようにマインドフルネス隆盛の現代では、仏教の思想はマインドフルネスに尽きるといった様相に見えなくもありません。しかし、本書では視点を変えて、二千五百年前のお釈迦様の時代に立ち戻って、現代の生きづらさを抱える発達障害圏学生と創造性について眺めてみると、何が見えてくるのか、創造性を活かすにはどうしたらよいのか、ということについて仏教学の第一人者である佐々木閑先生（花園大学特別教授）の寄稿をコラムで紹介しています。

コラム③コレクション自慢の会にみる創造性

古橋忠晃

日本では、おおむね、「ひきこもり」の初期から後期のそれぞれの改善の度合いに応じて、家族支援（療法）、個人療法、集団療法の順で支援や治療がなされます。筆者の臨床経験から述べますと、家族のみの受診を続けていますと、最終的にほぼ全ての事例で本人が診察室に現れます。つまり、個人療法へと移行するように思われます。そして、次に、個人療法では、いわゆる個人精神療法がなされますが、自閉症スペクトラム症のひきこもりであれば、具体的な行動療法、生活指導などを行い、定型発達のひきこもりであれば通常の精神療法を行いますが、いずれにしても個人精神療法であることには変わりはありません。そして、自閉症スペクトラム症のひきこもりであれ定型発達のひきこもりであれ、次の段階、つまり、集団療法が始まるのは、筆者の臨床経験では、他の「ひきこもり」のことなど何らかの社会を意識したときがきっかけになることが多いように思われます。ここで、筆者が、大学で開催しているひきこもりの集団療法、つまり、「コレクション自慢の会」というグループ活動を紹介しましょう。

グループ活動としての「コレクション自慢の会」

コレクション自慢の会は、月に1回、毎回2時間（語り手のプレゼンテーション1時間半、ディスカッション30分）の形式で二〇〇八年から継続して開催されてきました。毎回の参加者は15名前後です。元々ひきこもりの状態にあった会の参加者15名のうち、問題が解決し就職を実現した学生は、二〇二二年度は約3名存在していました。プレゼンテーションの形式としては、コレクションの実物を持ってきてその場で披露する学生も存在すれば、ためていた写真や動画などをパワーポイントで示していく学生も存在します。またモノには頼らず特に語りだけで披露する学生も存在します。語り手は、一つ前の会から当日の会までの間に、自分のコレクションについてメンバーの前で話したいという学生が主に参加者のうちから募集され決定されます。

プレゼンテーションの内容としては、絵画、高校野球、料理、折り紙、登山など古典的な趣味や、テクノロジーを駆使した音楽、旅行先で位置情報を利用して写真撮影をしてあとから作成した移動マップ、AI技術で歌声をナチュラルに表現する音楽制作ソフト、音声合成ソフトウェアなど現代的な趣味までさまざまですが、最近では、絵画においてもタブレット型コンピュータなどを駆使してデッサンをする「デジタル」の手法を盛り込んだものや、高校野球なども野球そのものというよりは、インターネットで例えば応援団の情報を集めるなどの楽しみ方についてなど、古典的な趣味に新しいテクノロジーなどを付加した上での発表というのも見られています。また、ゲームについてはさまざまなジャンルや形式（ロールプレイングゲーム（RPG）、ファーストパーソン・シューティングゲーム（FPS）、ソーシャルゲーム、カードゲーム、パズルゲーム、アクションゲーム、シミュレーションゲーム、アドベンチャーゲーム、シューティングゲーム、スポーツゲーム、レースゲーム、音楽ゲーム、アーケードゲームなど）のものがこれまでに語られてきています（オンラインのタイプのゲームもあればそうではないタイプのゲームもあります）。このようにグループ活動のテーマの多様性も必要です。これまで登場したテーマは150種類以上でした。重要なのは、グループ活動が特定のテーマの流れになってしまうことを避けることです。一つのテーマになってしまうと、そのテーマの会になってしまい、あらかじめ決められたような「物語」が会を支配してしまい、そのテーマには縁のないひきこもりが参加しにくい雰囲気が醸し出されてしまうからです。

また、「趣味」の多様性だけではなく、「趣味」という行為に対する態度の多様性も必要です。初めのころは、会に参加しないメンバーの中には、「自分は趣味なんかない。興味ない」と参加を望まない学生もいました。しかし、そのようなイメージをひきこもり青年に持たせてしまうことが、会の構造として、多様性とやや離れてしまったところにあるのではないかと考え、「無－趣味（趣味はない）」あるいは「反－趣味（趣味は持ちたくない）」のひきこもり青年たちもあえて希望があれば参加してもらいます。また、「話すことはない」という学生には、聞いてもらうだけで十分です。彼らの中には、1年間、会に参加しながら「聞き手」として待機していて、あるときから、おもむろにそれまで明かさなかった自分の趣味について語りだしたひきこもりもいました。このように、彼らが語りだすのをじっと待つ姿勢も重要です。これは、「自己アピール」なるものを重視することが当たり前になっている風潮とは真逆ですが、そうした風潮こそがひきこもりを生み出している社会文化的な側面もあるとも言えるので、このじっと待つ姿勢こそが、このグループ活動のある種の本質となっていると思われます。

さて、プレゼンテーションで語られる「趣味」とは、「個人的なもの」であり、「仕事」のような「社会的なもの」とは対立しているように考えられています。しかし、「趣味」こそ、ある種の社会性・公共性のもとに成り立つのではないかと筆者は考えています。実際、「趣味(Interest)」という言葉はラテン語でinter＋esse（間に～ある）という語源をもっていて、そこには個人で閉じていない回路が存在するからです。

このグループ活動は、確かに、医療や治療の技術としての集団療法のように見えます。つまり、一旦停滞してしまった人を医療の対象として扱い、治療の一環として、つまり、社会とのつながりを回復させる目的で集団療法を行うという、ある種の医療行為のようにも見えるのです。確かに、見方によっては、そのように見えないわけでもありません。しかし、むしろ停滞しつつある人を医療の側に引き受けさせてしまう前に、ひきこもっている青年でも大抵の場合持っていることが見いだされたある種の「力」「創造性」を利用して、医療化を防ごうという試みです。これが大学の外の医療機関になってしまうと、やはり大学からその医療機関に「治療を依頼した」というニュアンスになってしまうし、何よりも本人の中にそのような意識が生じてしまうので、大学の中でできることはしてしまうほうが望ましいと思われたのです。さらに、ひきこもっている学生、もしくはひきこもりつつある学生ばかりで会が構成されてしまわないほうが望ましいと言えます。ひきこもりではない学生で少し他の人を圧倒させるような趣味を持っている人が参加していることも重要であり、またそういう学生とひきこもり傾向にある学生を区別しないことも重要です。

こうした考えの背景には、ひきこもりを医療化することと自体が、ひきこもりを障害や病気として扱うこととなり、かえって本人と社会との隔絶を広げている場合があるのではないかという考えがあります。こうした医療化の方向性とはむしろ反対に、ひきこもりの「力」あるいは「創造性」や、ある種の障害を抱えながらひきこもりの状態に陥っている人のその障害の「力」あるいは「創造性」を利用して、社会とのつながりを回復させようとするのが目的です。ただ、全てのひきこもりに対して医療化を認めないのではありません。むしろ、医療の対象になるひきこもりの一部にも会に参加してもらっています。グループ活動の中には、あくまで集団療法のような効果を期待して、参加してもらっているひきこもり青年もいます。つまり、このように、医療化そのものを防ごうとしているひきこもりと、集団療法の枠内で参加してもらっているひきこもりを区別しないこともグループの重要な役割なのです。

ひきこもりの「力」あるいは「創造性」

筆者は、二〇一七年のフランス語の論文で、ひきこもりの本質は、「社会によって忘れられたいが、そのような『社会』を忘れることはできない」であると述べました（Furuhashi, et al., 2017）。このテーゼは、しばしば、日本よりはむしろフランスの精神医学の専門家や心理学の専門家や社会学の専門家などによって引用されています。このテーゼはどちらかというと定型発達の構造を持つひきこもりにあてはまります。というのも、彼らは「社会によって忘れられたい」という欲望を持っているからです。この欲望はひきこもりの「力」と読みかえることができます。この「力」は、ひきこもりへと至ろうとする「力」ではありますが、同時に、社会復帰へと至ろうとする「力」でもあるのです。一方、発達障害のひきこもりは、「社会によって忘れられたい」という欲望を持っているというよりは、彼らなりの関心事に没頭しているうちに、結果的に社会から遠ざかってしまうというほうが正確です。彼らのなかには「創造性」があったとしても、それを「創造性」として見いだすことのできない社会のために、結果的にその「社会」から遠ざかってしまうわけです。

それでは、発達障害のひきこもりの事例で、本人の中にどのように「創造性」が見いだされず結果的に社会から遠ざかり、どのように「創造性」が見いだされることで社会復帰へと至ったかを具体的に提示しましょう。本人の同定ができないよう内容を大幅に変更し、匿名性の保持に十分な配慮をしました。

Aさんと「コレクション自慢の会」

Aさんは理系学部の修士2年目の学生でした。もともと口数は少ないものの、言われたことを黙々とこなすタイプで、修士課程に入ってから、自分で研究計画を立てないといけなくなり、指導教員から「自分の頭で考えろ！」と叱責されたのをきっかけに、自殺未遂をして、その後、下宿にひきこもってしまいます。もともとゲーム好きではありましたが、ひきこもってからは一日15時間ほど同じゲームに没頭するようになりました。その後、しばらくして、両親と指導教員に伴われて筆者のもとを受診しました。本人の診察時の所見などから発達障害と診断するのは容易いことでした。両親は世間体を気にしてその診断を受け入れなかったのですが、それに反して本人はその診断をあっさり受け入れました。Aさんは、ただ一口にゲームといっても、他の人があまりやらないようなゲームをしており、さらに、ゲームを始めた初日にすでにクリアしたにもかかわらず、それから3年ほどのひきこもりの間、他のコースを一からたどり直してあらゆる可能性を踏破してクリアするということを繰りかえしていたのです（いわゆる「やりこみ要素」を全て「やりこむ」ということです）。こうしたAさんのひきこもり最中の振る舞いについて、指導教員や両親、さらには当初は筆者も、創造性を見いだすどころか全く理解できるものではありませんでした。

あるとき、筆者から、Aさんに対して、コレクション自慢の会に参加してみないかと声をかけたところ、思いがけず、「参加してみます」という答えが返ってきて、実際に、定期的に参加するようになりました。そして、数回の参加の後、今度は発表してみないかと声をかけたところ、これまた「発表してみます」という答えが返ってきて、実際に、聴衆の前で自身の没頭しているゲームについて発表を行いました。筆者が、その発表を、コレクション自慢の会の中で聞いてはじめてわかったことですが、Aさんは、一度クリアしたゲームを、再度クリアするために無限に存在するように思われるあらゆる可能性を考える能力は並大抵のものではないことに、他のひきこもりの参加者の驚嘆ぶりによって気づかされ、Aさんはゲームの中で創造性を発揮していることが見いだされたのです。しかし、こうして見いだされたAさんの創造性は、一般社会で理解されるどころか、両親によっても、たとえ筆者が医学的な説明をしたとしても「息子はただゲームばかりしているだけではないでしょうか」と決して理解されるものではありませんでした。そこで、筆者が、Aさんに、「障害者手帳の書類を書くので、Aさんの能力をその手帳を持って社会に役に立たせるようにしませんか」と持ちかけたところ、Aさんは「お願いします」と即答しました。その後、本人ではなく、両親をとても苦労して説得して、障害者手帳を申請しました。その後、申請は容易に受理されて、それからキャンパス内のキャリアカウンセラーの相談にも行くようになり、故郷の一流企業に障害者枠で就職しました。その後も、手帳の更新のたびに、筆者の大学病院の外来を受診していますが、プログラム開発をする会社の仕事はとても楽しいと話しています。

さて、Aさんの対応については、何が最も功を奏したのでしょうか？　それは、家族や、さらには周囲の支援者や治療者すらもAさんについてバイアスがかかった見方をしていたわけですが、皮肉にもAさん自身が最もその能力を静観していたことでしょう。

発達障害者の持つ「創造性」は「天才」と呼べるのか？

さて、Aさんに見いだされた「創造性」という能力は、一般的に果たして「天才」と呼べるのでしょうか？　筆者の考えでは、「天才」としてむやみやたらに本人を称揚するよりは、本人を他の定型発達の人と分け隔てなく扱い、その上で本人の「能力」を把握していることが重要であると思われました。「天才」として扱うことが社会的な区別をさらに引き起こしてしまうかもしれないからです。ましてや、Aさんにとって自殺未遂を引き起こすきっかけになった研究室の指導教員に、Aさんは天才であることを説き伏せようとしても徒労に終わるだけだと思われます。むしろ、この「能力」が本人によっても、さらには、本人の周りで本人を支援する人によっても自覚されるには、「コレクション自慢の会」のような集団療法の場がとりわけ有用であると考えられました。

グループ活動をフランスでも

ところで、このグループ活動は筆者の勤務する大学での特殊なグループ活動にすぎず、それが果たして医療において重要な普遍的役割を果たすのだろうか、という問いが生じてくるでしょう。筆者は、「ひきこもり」の訪問診療や講演活動のために、1年間のうち5カ月ほどフランスに滞在してきました。さらに、二〇一八年からはストラスブールで筆者らの助言のもとに運営する「ひきこもり」相談窓口（「回り道（Détours）」）がフランス依存協会（アルコールや薬物などや、最近ではインターネットなどの依存を治療するフランスの公的医療施設）内に開設され、フランス中の「ひきこもり」の親からの相談が殺到しており、この2年間で約６００件の相談件数がある状況です。その結果、「ひきこもり」相談窓口（「回り道」）の相談員の間で、現在フランスでは、家族療法や個人療法は行われつつあるが、フランス依存協会内の「ひきこもり」相談窓口を含めて、集団療法が行われていない事実を踏まえて、集団療法の導入が焦眉の課題であるという結論になりました。さらに、筆者は、フランスにおいて、日本にはすでに一九九〇年代から存在してきた「ひきこもり」青年たちの存在を指摘し、その状態像は日本の「ひきこもり」と同様、インターネット依存やゲーム依存の状態であるなど、何かに没頭している傾向があることを明らかにしてきたのです。

そこで、現在、このフランスのひきこもり相談窓口

（「回り道」）の相談員らと計画しているのは、二〇二四年から、ひきこもり青年自身に、日本で筆者が実践してぃるような自身の趣味について語ってもらう集団療法を、フランスでも、筆者と相談員らと共に開催するということです。日本では、とりわけ発達障害者の場合は集団主義のなかで社会から遠ざかってしまっていたところで、再び、コレクション自慢の会という集団の場で、自らの能力を見いだしたわけですが、フランスでコレクション自慢の会を開催した際には、全く違った働きが見いだされる可能性があるのです。

コラム④学生相談のすすめ

鈴木健一

学生相談利用者急増の現在

名古屋大学学生支援本部では毎春、学部1年生の全クラスを巡って、次のようなデータを示しながら「自分のメンタルヘルスは専門家を利用しながらメンテナンスしていこう」と呼びかける授業を実施しています。そのデータとは、ハーバード大学の卒業生が在学中にメンタルヘルスサポートを専門家から受けていた人の割合です。そしてその数値は73・9%にのぼります（二〇一六年度卒業生）。卒業年次に限って言えば、ハーバード大学の4年生が学生相談（カウンセリング）を利用した割合は39・5%に達します（二〇二二年度）。このデータを聴いた多くの1年生は利用率の高さに驚きます。ちなみに名古屋大学の場合、4年生だけでなく他の学年も学生相談利用率は5年前に比べると一様に3倍以上も増加しましたが、それでも二〇二二年度は8・5%です。この数値の差は、アメリカの学生の方がより多く悩んでいるからなのか、あるいは、名古屋大学の学生も同じように悩んでいるのに心の専門家を利用していないからなのか、その理由は推測の域を越えませんが、私自身の留学経験や学生相談の現場における現在の体験を通してみると、冒頭に書いた通り、アメリカでは自分のメンタルヘルスをメンテナンスする手段の一つとしてカウンセリングが存在しているように感じます。20年以上前に私が留学していた時のハウスメイトは勤勉なネイティブの大学院生で、特に引きこもっていたり精神的な病を抱えていたわけでもないのに、カウンセリングを長年受けながら研究生活を順調に過ごしていました。

大学生活メンテご用達学生相談の実際

さきほど名古屋大学の学生相談利用率が3倍以上に増加したことをお伝えしましたが、悩み苦しんでいる学生だけが増えたわけではなく、「メンテナンス」の目的で学生相談を利用している学生たちも増えています。例えば、研究室では周りからの信頼も厚くエース級の活躍をしている大学院生であっても学生相談を利用しています。それはストレスの高い研究生活を上手に生き抜くために定期的に学生相談に通い、研究の難しさを語ったり、趣味や推しの近況を語ったりすることによって活力を得られるからです。また別の学生は、就職活動で自己分析を進めていたところ、どうしても自分だけでは理解できない自分自身の思考パターンに気づき、自分はなぜそう考えるのだろう、自分とは一体何者なのだろうといった疑問に行き当たり、それを解決するために心の専門家を訪れました。1時間話し終えると「自分にはない発想でした」と感想を語り、就活戦線へと戻っていきました。まだまだハーバード大学の利用率には及びませんが、最近の傾向として日本でも心のメンテナンスを目的として心の専門家を利用している学生が確実に増えているように感じます。

より身近な学生相談へ

この傾向と似た出来事がありました。二〇二一年秋に全国大学生活協同組合連合会が「全国大学生サミット」というオンラインでの一日限りのイベントを開催しました。コロナ禍における学生生活をテーマにしたシンポジウムや分科会が学生たちの手によって企画され、全国から1千名を越える学生が参加しました。シンポジウムでは、アメリカの大学へ進学した日本人の学生が登壇して、コロナ禍で自分のメンタルヘルスを維持するために積極的に心の専門家を利用していることを強調していました。また、分科会では、「就職活動」や「オンライン授業」などのテーマと並んで「学生相談」が取り上げられました。その理由を企画者である学生は「学生相談のよさを全国のみんなにも知ってもらいたかったから」と説明していました。日本でもより身近なものとして学生相談が位置づけられつつあると感じられた瞬間でした。このような傾向はコロナ禍であったことも影響していたと思いますが、これからの時代には必要なことととして広く認識されていくように感じます。

発達障害？と悩んだらまず学生相談

ところで、自分のメンタルヘルスをチェックしていく作業のひとつに、発達障害の傾向の有無があるように思います。インターネットで発達障害の特徴を検索し、自分はそれに該当するのではないかと学生相談を訪れる学生も少なくありません。大学生活や研究室で困っているわけではないのですが、自分は社会に出たらコミュニケーションが取れるのだろうか、人付き合いの苦手な自分を変えるにはどうしたらいいのだろうかなど、自分自身を事前にチェックした際に対応策が必要だと考えて学生相談を利用してくれています。

みなさんの大学にも学生相談カウンセラーが勤務しています。困った時はもちろん、メンテナンスが必要だと感じた時には、ぜひ利用してみてください。

学生相談は大学教員のために！

　学生相談は学生のことで困っている教職員や家族のみなさんもご利用いただけます。名古屋大学学生相談センターでは二〇一九年度に学生対応に困っている教職員や家族からの専用相談窓口である「教育連携室」を設置しました。カウンセラーが毎日常駐しており、二〇二二年度の利用者は４８５件にも達しました。学生が多様化し、中でも発達障害やその傾向にある学生の特徴はひとり一人異なるため、先生方が困惑する場面が確実に増えています。専用窓口のある大学はまだまだ少なく、多くの大学では学生相談室が先生方をサポートしています。付き合いにくい学生やこれまでのノウハウでは対応しきれない学生、どう接したらいいか分からない学生などへの対応は、学生相談をぜひご利用ください。先生方が日々の研究指導・研究活動に専念するためにも、学生対応は心の専門家にお任せいただけるとカウンセラーとしてありがたい限りです。

第VI部　ストレス低減のための人とのかかわり方

対人関係の苦手な学生とのかかわり方や困った場面での具体的な対処方法について，事例を通してそのコツを紹介しています。個性的な対人関係や言動のある学生とのかかわり方を知っていることは，関係者（特に大学教員）にとっても，個性的な学生自身にとってもお互いのストレス低減に直結します。

第13章 対人関係という難問

ロールシャッハ法による分析の結果、対人関係の面で興味深い結果が得られたことは、すでに6章で紹介しました。つまり、理系研究者と理系大学院生の相違点の一つとして、「人間反応」という人間への関心の程度を示す指標における相違でした。具体的には、人間の全体像や一部または「天使」など非現実人間像に関する反応の出現程度を示す指標で、その平均値は一般成人では約24％程度とされており、研究者は平均で28％、大学院生の場合は約11％と低値でした。人間反応の解釈は一般的には「人への関心（あるいは過敏性）」の程度、であり、数値が低い場合には人への関心の乏しさとか、あるいは「人間」に対する回避や防衛的態度などと解釈されます。

この研究者と大学院生との大きな相違の背景はどこにあるのでしょうか。一つには年齢を経るにつれて人との交流経験、学会とか共同研究とか企業との交渉など、さまざまな対人関係をこなしてきた人生経験も影響していると考えられます。研究者の中には、人との交流が研究にも大切で、人との協働が楽しいと考える創氏のような人もいます。

一方、大学院生は年齢的にも人との交流の場は研究者に比べれば、多くありません。また彼らの過半数は子ども時代から「興味・関心を一人で楽しむこと」が好きだったと語ってくれています。ちなみに、発達障害圏とされる多くの子どもたちが苦手とするのは、対人関係です。ＡＳＤでは診断基準の中に「対人コミュニケーションが苦手」という項目があります。研究者の彼らも、子ども時代は人との関係が苦手だったとしばしば語っています。しかし、創氏のように40代以降「人と協働すること」の楽しさに目覚め、チームの方が創造性は発揮できる、と語る研究者もいます。

対人関係の成長に経験、つまり年齢の要因は大きいと思われますが、学生時代には、対人関係に悩むことも少なくないはずです。特に、発達障害圏学生の場合、悩みが深刻であったり、あるいは、それゆえに潜在する特性を伸ばすことができないまま落ち込んでいる、ということもしばしばあります。

ここでは、そうした悩みを抱える5名の学生に登場してもらい、その背景と大学教員の対応や指導のヒントを紹介したいと思います。なお、繰り返しますが、事例は筆者らの臨床経験からの複数の事例を組み合わせた架空の事例であることをお断りしておきます。

事例1　マイペースへのこだわりのAさん

Aさんは法学系学部の3年生です。小さいころに読んだ本がきっかけで、理路整然とした法律の世界に憧れを持っていました。一方、道徳や小説の読解の授業は大の苦手でした。「登場人物はどんな気持ちでしょう？」という問題にAさんが指名されて発表すると、教師やクラスメイトは不思議そうな顔をしたり困った顔をしたりします。Aさんは毎回傷つきながらも、なぜそうなってしまうのかわかりませんでした。ただ、Aさんが通っていたのは小学校から高校まで一貫教育の学校であり、Aさんの個性をよく理解した同級生たちはAさんをちょうどいい具合に放っておいてくれ、おおむね心地よく学校生活を送ってきました。

大学に入学後、Aさんは変わらず一人で過ごしていましたが全く気になりません。好きな授業をマイペースに受け、3年生になりました。3年生では少人数のゼミが始まるので、もっと深い勉強ができるとAさんは楽しみにしていました。しかし、ゼミが始まったことでAさんの苦難の日々が始まります。指導教員のB先生は、ゼミのメンバーが仲良く過ごすことを重視していて、ゼミのSNSグループでは平日休日問わずたくさんのメッセージのやりとりが行われています。また、ゼミの後みんなで食事に行ったり、B先生の家に招かれるなど、ゼミ以外での付き合いも多くありました。Aさんは具体的な用事もないのにどんなメッセージを送ればよいのかがわからず返事ができないまま、ゼミでのディスカッションで予期せぬ質問が来るとパニックになりとても疲れるので、終わればすぐに家に帰ることにしていました。そんなある日、先輩の一人が「ねえ、相談に乗ろうか？　Aさんがゼミになじめていないって、B先生が心配してるから」と話しかけてきました。Aさんはそこで初めて、自分が〝不思議ちゃん〟と呼ばれていることを知りました。

Aさんの理解と対応

①ゼミのような集団の対人関係は苦手

Aさんは元来、一人でいることが好きで、学校の中で一人で行動することを全く気にしていませんでした。しかし、ゼミのように比較的小規模で、対人的な距離感が近い集団に入ると、Aさんは苦しくなってしまいます。このような状況では、先生や先輩の「皆で仲良く」という気遣いが逆にストレスになってしまうこともあります。対人的な距離が近いゼミは、学生のタイプによってはとても居心地がよく、研究の効率も上がる素晴らしい環境ですが、Ａさんのように静かな情熱を持って、一人で自由に勉学や研究に取り組みたい学生もいます。本書に登場する理系研究者たちが一人で研究に没頭する時間に何よりも幸福を感じているのと同じです。

〈対応のヒント〉

ゼミでの対人関係と、ゼミ発表など研究や勉学への取り組みの両方を見渡し対応を検討するのがコツ。例えば、ゼミのプライベートな付き合いにはあまり顔を出さないけれども、ゼミの時間には発表に力を入れている学生であれば心配ありません。その学生の人づきあいのスタイルを尊重し、ゼミの時間中を中心に、勉学、研究に関連した話題でしっかりとかかわっていくことで、学生の創造性が伸びていくと考えられます。

②臨機応変な対応が苦手

Ａさんは対人関係が苦手という特徴に加え、イレギュラーなことが起きると対応に戸惑うという特性もあります。リアルタイムでやりとりされるＳＮＳや、ゼミでの活発なディスカッションでは苦痛そのものです。質問が重なるとパニックに陥ることもあります。こうした特性に加え、過去に自分の発言で周囲が戸惑ったり困ったりした失敗体験がよみがえることもあり、大きなストレスを感じる場合もあります。

〈対応のヒント〉

周囲は「何でもいいからテキトーに返信しておけばいいのに」とか「完璧に答える必要はないのに」と感じるかもしれませんが、質問されることそのものやＳＮＳの通知に圧倒される学生もいるということを心にとめておいてください。そして、学生のペースで返事ができるような配慮や、ゼミでの質問を持ち帰って次回のゼミで発表してもらったり、後日メールで考えを送ってもらうことも許容するなどの対応が必要かもしれません。その場で即時に反応することが難しくても、じっくりコツコツと積み上げるタイプの創造性も存在しているからです。

事例2　教員の叱責から不登校になったCさん

Cさんは、とある難関理系大学院の修士1年生です。別の大学を卒業し、今回、D先生が所属する大学院に入学しました。入試前の研究室訪問や入試の面接では緊張のためかうまく受け答えできなかったところもありましたが、卒業研究で膨大な実験数をこなしていることが高く評価されて試験に合格し、D先生の研究室に入りました。6月ごろ、Cさんにゼミ発表の機会が訪れました。D先生は一度も相談に来なかったことが少し気になっていましたが、実験に打ち込んでいて相談する時間も惜しんでいるのだろうと想像していました。しかし、いざCさんの発表を聞いてみると、研究室に入ってから全く実験をしていないどころか、研究の目的すら自分自身でうまく説明することができなかったのです。D先生は期待していた分がっかりする気持ちもあり、発破をかけようと「Cさん、君はこの2カ月何をしていたんだ。前の大学では実験に打ち込んでいたのに、やる気が感じられない。もっとしっかり研究するように」とほかの学生の前で叱責しました。かたい表情で座っていたCさんでしたが、次の日から研究室に姿を見せなくなり、D先生からのメールにはもちろん、他の学生に頼んで連絡してもらっても、全く返信がなくなってしまいました。

一方そのころCさんは、自分の部屋にじっと閉じこもって過ごしていました。4年生で所属していた研究室は先生も周囲の学生もあまり干渉しない自由な雰囲気のところだったので、Cさんは自分の気になることを確かめるための実験に没頭していました。その姿を見た指導教員はそれをCさんの〝才能〟と呼び、より高度な研究ができるD先生の研究室を紹介してくれました。しかし実際に入学してみると、入学したその日から先生や先輩からたくさんの新しいルールを示され、アドバイスや指示を受けました。Cさんはパニックになり、今自分は何をしたらいいのか、一体何がわからないのかもわからなくなってしまったのでした。

Cさんの理解と対応

①能力や関心の凸凹が大きい

理系研究者の語りからも想像されるように、高い創造性を発揮する人々は必ずしも「何でもそつなくこなす優等生」というわけではありません。自分がこれぞと思った研究や実験にはとても熱心に取り組む一方で、そうでないことには苦手意識を持っていたり無頓着なこともあります。Cさんの場合も、環境（周囲の理解、勝手のわかった研究室など）が整っていた元の大学では自分の興味のあることを明らかにするために苦労をいとわず実験に没頭しており、これは紛れもなくCさんの才能であると言えます。一方、大学院入学後は、新たな環境への適応という苦手な場面に接し、その才能が発揮されないままに2カ月が過ぎてしまいました。

〈対応のヒント〉

優れた能力がある人に接すると、無意識に他のこともしっかりやれるだろうと想定しがちです。実際には、突出した才能や創造性を持つ人はどこかしら特別に苦手なことがある場合が多いので、例えば想定外にできていないことが発生しても、〝さぼっている〟とか〝期待外れ〟と考えるのではなく、実は困っているのではないか、という想定をした上で「この2カ月はどのように過ごしていましたか？」などの声掛けをするとよいと考えられます。

Cさんの事例では、一度にたくさんのアドバイスや指示を受けたことも、能力の発揮を妨げた一つの背景となっています。発達障害傾向のある学生の中には、一度にたくさんのことを言われるとパニック状態になる人もいるため、順を追い、メモを活用するなどして視覚的にわかりやすい形で伝えることも重要です。環境に慣れ、自分のペースを取り戻せば、次第にCさん本来の力が発揮されていくと思われます。

②一度体験したネガティブな場面が心に残りやすい

D先生の発破をかけようとした一言で、Cさんは研究室に来ることができなくなってしまいました。発達障害傾向のある学生の中には、厳しく言われたときの過去の記憶が脳裏に焼き付いてしまい、その一言をきっかけに教員だけでなく研究室という場所やその他のメンバーにも接することができなくなる人がいます。こうした特性は、ある記憶が鮮烈に頭に残るという意味においてはもしかすると創造性の一助となることもあるのかもしれませんが、現実場面では日常生活の妨げになることが多いようです。

〈対応のヒント〉

まずは厳しい叱責を避けることが肝要ですが、厳しく言ったつもりはなくてもこのような事態になってしまうこともあります。焦らず本人の様子を見守りつつ、復帰が難しそうな場合は、学生相談室のカウンセラーなど、専門家と連携して対応したり、学生本人が信頼している人を見つけ、その人を介して環境調整などについて話し合っていくと良いと考えられます。

事例3　あいまいなルールは苦手なEさん

Eさんはとある大学の理系学部4年生で、F先生の研究室に所属しています。1年生の時から成績は極めて優秀で、F先生の授業も一回も欠かさず出席し、質問も積極的にしていたので、F先生は大変熱心な学生であると評価していました。卒業論文のためのデータは早々にとり終え、いよいよ執筆の段階になりました。F先生はEさんに、卒業論文の原稿ができたら見せてくれるように伝えました。2カ月後、Fさんが執筆した論文の原稿を送ってきました。最初は出来が良くなくても徐々に直していけばいい、と思いながら原稿を開くと、文献の引用箇所が少ないことはやや気になりましたが、予想以上によく書けた論文です。F先生はEさんを呼び、修正すべき点について話し合うことにしました。文中の言い回しについて修正するように伝えると、「でもそこは別の論文に書いていたことなので、正確なはずなんですが……」と言います。しかし、引用文献の記載はありません。その点を指摘すると、「その後に書いてあります」とのこと。F先生が目で追っていくと、段落の一番最後に文献が引用されています。F先生は事情を悟って青くなりました。「これは、この段落全てを引用したということ？　それは盗用にあたる場合もある。引用のルールを守って」と伝えると、「ちゃんと引用しています。何文字以上は引用したらいけないんでしょうか？　一文を引用するのと、一段落を引用するのは、何が違うのですか？　そのルールはどこに書かれているものですか？」と返されてしまいました。F先生は、どう説明すればいいのか、頭を抱えました。

Eさんの理解と対応

あいまいなルールが苦手

勉強熱心で授業の成績も良い学生が、卒業研究や卒業論文執筆といった課題に取り組むとき、基本的なところで壁にぶつかることがあります。優秀な学生であるはずなのに、執筆の基本ルールが理解できないのはどうしてなのかといぶかしく思うこともあります。この背景として、発達障害の一つであるＡＳＤの認知の特徴があります。それは、明文化されていないあいまいなルールが苦手という特徴です。この例のほかに、卒業論文の分量として〝〇〇文字程度〟と伝えると「程度のあいまいさ」に困惑したり、無理しなくて良いという意味で言った「適当でいいよ」という言葉にパニックになるなどが考えられます。また、実験器具の扱いやデータ処理の過程などで、他の学生は説明しなくても察していたことが察せられておらず、教員が困惑することもあります。しかし、こうした特徴は一方では厳密さを重んじ、理路整然としたことに親和性を持つという意味で、理系研究者やプログラマーなどとして活躍する人の創造性を支える基盤になることもあります。

〈対応のヒント〉

学生が基本的なルールが理解できていない場面では、がっかりしたり驚いたりすることもあります。しかし、その原因は必ずしも、学生の怠惰や不真面目さゆえではなく、特有の認知特性のためであるという可能性を念頭に置くことが教員のストレス軽減のためにも重要です。引用文献の文字数へのこだわりに関して許容範囲を具体的な数字で示すことは困難ですが、例示や、添削を繰り返すことでその学生特有の仕方で理解されていきます。学生にはそれぞれ個性があり、発達障害圏学生の場合には個性の程度が濃く、それに合った指導方法を用いることが最も効果的と言えます。Ｅさんのような学生の場合には、具体的な数字や明確な言語化が重要と言えるでしょう。

事例4　対人関係面の悩みから生きがい喪失しそうなGさん

Gさんは、理系大学院の博士後期課程1年生です。H先生の研究室に4年生のころから所属し、4年目になりました。この間、特許を取得したり、多くの英語論文を執筆するなど、優れた研究業績を残してきました。理系分野の勉強は子どものころから得意で、大学の講義も簡単に感じてしまったほどです。しかし、Gさんの心は重たく、最近は研究のやる気がわきません。Gさんには幼いころから人と仲良くしたいのにうまくできないという悩みがあり、それがいつまで経っても解決しないどころか、どんどん悪化していると感じているからです。人がどっと笑う場面で自分だけ理由がわからなかったり、みんなで集まっている時に自分が思ったことを話すと場がしらけてしまうことは日常茶飯事です。少し仲良くなれそうだなと思った人に話しかけに行っても、次に会ったときはなぜかそっけなくされてしまいます。幸い勉強や研究は好きだったので、それに没頭していれば気持ちが落ち着きました。また、優れた業績を挙げれば同じ分野の研究者や後輩で慕ってくれる人もでてくるのではないかという一縷の望みをかけて、孤独な時間を研究に費やしてきました。気が付けば、若手の教員にも引けを取らないほどの業績ができています。しかし、望みであった対人関係は全く改善の兆しがありません。自分の方が結果を残しているはずなのに、後輩はみんな別の学生に質問したり教えを乞うたりしています。H先生も、Gさんについて「Gは優秀なんだけど人間的にまだ成長しないといけない」と言いますが、具体的にどこが足りないのか、どう直せばいいのかは教えてくれません。Gさんは最近では、自分が何のために生きているのかわからないとすら思うようになってきました。

Gさんの理解と対応

極めて優れた才能と対人関係面での苦手さを併せ持つ学生

Gさんは優秀な大学院生である一方、対人関係面の苦手さも非常に大きいようです。このように大きな凸凹のある学生の場合、周囲が生きづらさに気づきにくく、サポートが遅れることがあります。学業や研究の面では非常にうまく行っているため〝大きな悩みはないだろう〟と思われてしまうためです。Gさんの対人関係面での難しさは、発達障害の中でもＡＳＤ傾向によるものと考えられます。この傾向の強い人の中には、一人で過ごすことが何よりも好きという人もいる一方で、対人関係の苦手さを克服したい、と感じる人もいます。途上型の折氏のようなタイプです。しかし、対人関係の苦手さを克服しようとする過程で失敗体験が増えていくことも少なくありません。多くの研究でＡＳＤ傾向と孤独感の関連が高いと報告されているのは（例えば、Umagami et al., 2022）、こうした苦悩の表れとも言えます。

またこうした学生は、相手の都合を聞かずにスケジュールを決めてしまったり、目上の人に対して礼節を欠いたりすることも少なくありません。Gさんにとっては、研究面で高いパフォーマンスを発揮することよりも、日常生活上でのささいな人づきあいの方が難易度が高いと言えます。

〈対応のヒント〉

こうした学生は、人の心の動きや感情は非常にわかりづらく理解しがたいものであると感じています。場面に応じた言葉遣いや対人関係上の作法について、淡々と順を追って（実験手順を説明する要領で）説明することを根気よく繰り返すことで、徐々に行動が変化していくと考えられます。また度重なる対人関係上の失敗から、抑うつ状態になっている場合もあります。人に助けを求めることが苦手な場合もあるため、沈んだ様子が見て取れたり、研究のパフォーマンスが明らかに下がっているなど、普段と違う様子が見られたら、時間をとって話を聞いたり専門家に相談することが必要です。

事例5　サークルでトラブルを起こすIさん

Iさんは、文系学部の2年生です。幼いころから好きだったボードゲームのサークルに入っていて、その活動に夢中です。Iさんのゲーム好きは幼少のころからで、既存のゲームの細かいルールを覚えるのはもちろんのこと、中学、高校時代には自作のゲームを作ってクラスメイトに披露するなどしてきました。しかし、なかなか理解してくれる友だちに出会えず、学校の休み時間はひたすら一人でゲーム作りに熱中し、帰宅してからはネット上で出会った相手とのゲームに没頭するという生活を送っていました。

大学に入学してすぐ、入学前から下調べしてあったボードゲームサークルに入りました。そこには、Iさんと同じくらいゲームに情熱を傾ける先輩や同級生がおり、Iさんは初めて同志と出会った気持ちでした。授業が終わったら即サークル室へ出かけ、その場にいる学生に対戦を申し入れます。充実した生活を送っていたIさんでしたが、数カ月後、突然女性の先輩であるJさんに「怖がってる女の子がいるから、無理に対戦に誘わないで」と言われました。誰が、どうして、自分のことを怖がっているのか見当もつかず、そのことについて尋ねると「あんな勢いでこられたら怖いに決まってる。断りたくても断れない子もいるんだから、相手の気持ちを考えて」と言われ、Iさんはますます混乱しました。一方Jさんは、Iさんの態度にあまり変化がないのを見て、業を煮やしてサークルの担当教員であるK先生に相談に行きました。

Iさんの理解と対応

夢中になると周囲が見えなくなる

Iさんはゲームのこととなると周囲が見えなくなるという特性があります。今回のトラブルでも女子学生が怖がっていることに全く気が付かず、また、指摘されても何のことかピンとこなかったようです。このような事態は、相手の気持ちの汲み取りや距離感の難しさ、一つのことへの過度な集中、その他のことに対する不注意、活動性の高さといった発達障害の特性によって生じていると言えます。そのため、Iさんに下心や悪気は一切ないのですが、だからこそ、苦情を入れられただけでは行動を修正しづらいという面もあります。一方でゲームに対するIさんの熱の入れようは相当なもので、Iさんの持つさまざまな特性が創造性として生かされる可能性が感じられます。

〈対応のヒント〉

学生から相談を受けたK先生は、どのように対応すればよいでしょうか。近年では、ストーカー被害やハラスメントに関する啓発があちこちで行われていることから、女性の先輩の心配ももっともなことと言えます。まずは教員がIさんの特性を理解した上で、一方的に責めることのない形で話ができるとよいでしょう。Iさんにとって人に迷惑をかけているとは思いもよらない行動でも、場合によっては嫌な気持ちにさせることもあることを伝え、他の学生から聞き取った具体的な場面を素材に適切な行動を一緒に考えます。こうした一つひとつの場面についての検討は根気よく何度も繰り返すことが必要な場合もあります。なかなか行動に変化がみられないときは、学生相談室などの専門家の面接も並行して実施するとよいと考えられます。教員がこうした学生への指導上、重要なことは、行動上の問題についてはしっかり扱いながらも、Iさんのゲームに対する情熱については尊重しつつ、Ｉさん自身と周囲の人たちの両方が気持ちよく過ごすためにはどうするか、という点を共有することだと言えます。

コラム⑤生きづらさを糧にして生きる道

佐々木閑（花園大学特別教授）

二千五百年前に遡る――仏教の基本理念

本節では、二千五百年前に釈迦が創始した仏教の基本理念を物指《ものさし》として用いながら、現代社会においていわゆる「発達障害」というレッテルを貼られ、社会的に低く見られている人たちの再評価を試みます。あくまで私個人の見解の表明であって学術的論考ではないので、註や参考文献は付さず、エッセイ風の文章になることをご承知置きください。内容は理想論です。すぐさま応用できるような具体的方策を考えたのではありません。しかしその、現実離れした理想を、現場の現実とすり合わせることで、大きな方向性が見えてくるのではないかと思います。そういった方向性を定める作業の一助となることを願っての寄稿です。

はじめに、釈迦が本来想定していた仏教の生活理念についてご説明します。現在の日本仏教は釈迦時代の仏教とは全く異なる形に変容してしまっていますので、日本の仏教を念頭に置かないようご注意ください。今から語るのは、二千五百年前のインドにおいて、釈迦をリーダーとして、「一般社会の通念の中で疎外され、生きづらさを抱えながら苦悩する人が、真の生き甲斐を手に入れて安楽に生きるために」創設された、仏教という組織宗教の様相です。

人は生まれた後、周囲からさまざまな情報を注入されながら育っていきます。言うところの「しつけ」「教育」です。この過程で、周囲の価値観、世界観にうまくなじむように洗脳され、社会の一員として「害をなさず、益となる人物」へと人格が形成されるのです。この洗脳が順調におこなわれ、その社会にとって都合のよい人格に到達した者を私たちは「一人前の社会人」と呼ぶのです。すべての人が揃って「一人前の社会人」になるのなら大変結構なことです。その社会は粒ぞろいのメンバーで構成された、機能的で統制のきいた、「気持ちの良い」社会になるはずです。

しかし、人は生まれながらにさまざまな資質を持って生まれてくるものですし、生まれた後の洗脳（つまり「しつけ」や「教育」）の形態も個々別々であるため、その社会が理想とする人格から逸脱した者も必ず一定数生じてくることになります。ではそういった、社会に適合できないとみなされる人たちは、どう扱われるべきなのでしょうか。もしその社会が優生思想を重んじる社会であったなら、そういう人たちは抹殺されるか、あるいは遺棄されるでしょう。社会にとって不必要なゴミと見なされるのです。極端な優生思想を想定しなくても、「社会にとって都合のよい者が優れた者であり、社会にとって都合の悪い者は劣った者だ」と考える社会ならば、そういった人たちは疎外され、貶められます。現代においても、多くの社会で見られる現象です。

二千五百年前のインドももちろん、非社会的な人を疎外する面を持ってはいましたが、その一方で「自分たちとは異なる価値観を持って、独自の生き方を貫こうとする人を評価しよう」という風潮もありました。インドが持つ独特の社会通念です。これはおそらく、人の生き方を徹底的に厳しく統制しようとする当時の身分制度（カースト制度）への反発を原動力とする、多様性容認の流れにその源流があるものと思われます。「自分たちにはできないような、真摯で禁欲的な生活をしている人は、たとえ社会的身分が低かろうが、生活スタイルが一般人の暮らしとかけ離れたものであろうが、社会に益をもたらさないものであろうが、軽視することなく崇敬する」という風潮です。

このような独特の状況下で仏教という宗教は誕生しました。世俗的な価値観になじむことができないことによって、あるいは世俗的価値観によって疎外されることによって、行き場を見失った人たちに対して釈迦は、「世俗の価値観を離れて全く異なる価値観で生きることのできる世界がここにある。もし望むならここに来て、私のもとで新たな人生を再構築せよ」と説いたのです。この釈迦の教えに共感し、「生きる苦しみ」で悩んでいた多くの人々が釈迦のもとに集まり弟子となりました。これが仏教という集団宗教の始まりであり、その弟子たちの集団のことをサンガと言います。自分を苦しめていた世俗の価値観と縁を切り、サンガに参入して、本当に満足できる生き甲斐をひたすら追い求める生活に入ること、それを「出家」というのです。出家という生き方は，生き方の多様性を許容するインドという国が生んだ，独自の社会的セーフティネットなのです。

世間的価値観を放棄し得る社会

出家してサンガに参入した修行者たちは、ひたすら「自分のやりたいこと」すなわち修行に専念するのですから、生産活動をおこなうことができません。つまり自活能力がないのです。したがって、サンガは周囲の一般社会からの厚意に依存して生きるしかありません。サンガは、完全依存型の組織なので、社会が支えてくれなければ存続できないのです。

仏教のサンガは、世俗と縁を切った人たちが集まって作る組織ですから、世俗の価値観からは遊離した存在です。しかしそのサンガは、世俗社会からの経済支援なしでは存続できません。世間的価値観を放棄して独自の価値観で生きようとするサンガが、その生活基盤に関しては、一般世間からの厚意に頼らねばならないということになります。一見矛盾するように見えるこの構造が、実際にはきわめて有効な運営方針であることは、二千五百年たった現在でも多くの仏教国において、古代と同じ姿でサンガが存続していることにより証明されます。

サンガという組織が、ここまで強固な持続性を持つ最大の理由は、周囲の一般社会との関係を適切に設定したことにあります。繰り返しますが、サンガは一切の生産能力を持たないので、組織維持のための経済的基盤はすべて一般社会からの供与に依ります（これを「布施」と言います）。そしてサンガの出家者たちは、「私たちは一般社会の人たちからの布施で生きているのであるから、布施をもらうにふさわしい誠実な生活を送り、その姿を一般社会の人たちに知ってもらわねばならない」と考えて日々誠実に暮らし、自分たちの生活理念を「説法」という形で事ある毎に世間に対してアピールし続けました。このような姿を見た一般社会の人たちは「サンガの出家者たちは、生産能力はなくても、私たちにはできない立派な生活を送っている。そのような人たちを支えるのは私たちの喜びだ」と考えて布施を続けます。簡単に言うなら、「かっこよく生きている出家者たちを、ファンの在家信者たちが布施で支える」という構図です。

サンガと一般社会の関係をきわめて簡略に語りましたが、実際の仏教サンガにおいては、一般社会との関係を正しく保つための規則が何百も定められています。サンガのメンバーがそれらの規則の一つひとつを厳格に遵守することで、サンガは一般社会から「尊敬し、布施を差し上げるにふさわしい組織」として承認されるのです。ここでその規則そのものを紹介する余裕はありませんので、「そういった規則があるからこそ、生産能力を持たない人たちが自分の好きな事だけやって暮らす」という特殊な環境が可能になるという点だけ指摘しておきます。

生きづらさをかかえる特別能力群

以上、仏教という宗教の基本理念を説明してきました。多くの読者はすでにお気づきかと思いますが、仏教世界で生きる出家者たちの姿には、本書のテーマである、いわゆる発達障害と呼ばれている人たちの在り方と重なる点が多く見られます。周囲が求める「一人前の社会人」像に適合せず、一般社会の生産活動に携わることができないままに疎外されている人たちが、それでも誇りを持って、自分が好きなことに専心して生きる場を見つけようとするなら、二千五百年前から続く仏教サンガの運営方法はすぐれた手本になるはずです。

紙数の制限があるため、具体的な提言を、一いちの根拠を示しながら示すことはできませんが、以下、その要点だけを記していきましょう。なお、いわゆる発達障害と呼ばれている人たちを、ここでは私の造語で「特別能力群」と呼ぶことにします。一般社会が求める理想像にうまく適合しないという「特別な能力」、常識的価値観からは生み出し得ないような物事を生み出す「特別な能力」、あるいは、現在は表に現れていなくても、将来なんらかの形で人並み外れた創造力を発揮する可能性という「特別な能力」を持った人たちの総称です。（最近は「ギフテッド」という英語名称が使われているようですが、概念のはっきりしない語を記号として使っていると議論が錯綜します。私としては日本語で明確に表示できる呼称がよいと考えます。）

1. 特別能力群の人を一般社会に組み込もうとしてはならない

特別能力群の中には、世間的通念で生きることそのものを苦痛と感じる人たちもいます。その人たちを無理に一般社会に適合させようとすることは、一般社会側の傲慢であり、人権侵害にも相当します。古代インドにおいて、一般社会の通念で生きられない人たちがサンガという島社会を形成し、独自の価値観に沿って生きることを、一般社会自身が許容したように、特別能力群の人たちが、独自の生活スタイルを維持しながら孤立して生きることを、世間は許容しなければなりません。

2. 特別能力群は、自分たちにはない、そして自分たちには理解できない立派さを持っていると考える

自分たち「一人前の社会人」とは異なる価値観、世界観を持っている者を、「劣った者」と見なすことが愚劣な行為であることを社会全体が認識する必要があります。人の優劣は、視点が変わればさまざまに変容するものであって、絶対的基準などないという自覚が重要です。優越性の基準を自分自身に置く思考は、必ず利己的で間違った判断に結びつくというのが、仏教の基本的教義です（それを「諸法無我」と言います）。

3．生産能力がないことを欠陥だと考えない

その社会の生産システムに組み込まれ、定められたルーティーンに従わない人を非生産的人間と考えるのなら、そういったルーティーンからはずれたところで、誰もやっていない作業に打ち込むことのできる非生産的人間こそが創造的人間だということになるでしょう。この意味で、特別能力群の人たちはまさに創造的人間です。したがって一般社会が特別能力群の人たちを経済的に援助することは、社会全体の創造性を高めることになります。なんらの生産性も持たない仏教サンガが、二千五百年間、疎外された人々を救い続けてきたという事実を考慮するなら、生産性がないことがそのまま社会に対して無益であるということにはならないという点に留意すべきです。「存在しているだけで価値のある生き方」もあるということを社会全体が理解する必要があります。

4．個々人の個別の態度をもって発達障害（特別能力群）という全体集団を理解したつもりになってはならない

古代インドの仏教サンガにも、悪質な性格の者、下品な者、他者に迷惑をかける者などが大勢いました。しかし、そういった劣悪なメンバーを抱えながらも、組織全体として、すべてのメンバーが清廉で高潔な人になるよう、常に努力し続けました。それを周囲の一般社会の人たちは見て、そこに多少の逸脱したメンバーがいたとしても、「仏教サンガは供養に値する立派な組織だ」と考えて布施し続けたのです。

特別能力群の人たち全員が立派であるとか、すぐれた能力を発揮するなどということはあり得ません。時には反社会的な行動を取る人が現れるかもしれません。しかしそれをもって特別能力群は劣っている、などという評価を下すのは不合理です（一般社会も同じく劣悪なメンバーを多数抱えているのですから）。特別能力群も、それを支える一般社会も、それぞれに玉石混淆であるという点を認識し、特別能力群が一般社会に与える恩恵に十分留意しつつ、客観的視点で評価していくことが必要でしょう。

5．特別能力群の人たちの多くは、自分たちの立場をアピールする能力に欠けるので、その点を補完する必要がある

特別能力群の人たちは、自分たちの立場をアピールする能力が弱くなりがちです（なぜなら「世間で認められたい」という我欲が少ないからです）。したがって、一般

社会と特別能力群との関係を調節し、説明することのできる仲介者を設置する必要があります。サンガで言うなら、サンガ運営に力を注いでくれる檀家総代のような人です。そういった仲介者の力を借りることで、特別能力群の存在意義を広く一般社会に広報し、適切な形での支援が得られるようにする作業は重要です。古代インドのサンガが、事ある毎に説法することで、俗世の人たちに自分たちサンガの存在意義を知ってもらえるよう努めたのと同じです。

文化的発展の担い手としての特別能力群

紙数の都合できわめて大まかにしか語ることができませんでしたが、仏教サンガと発達障害（特別能力群）との対比をもとに、一般社会と特別能力群とのあるべき関係性について考察してみました。特別能力群が持つ、世間的通念を越えたところに生きる価値を見いだすという傾向は、常識の範囲を超えた世界へと跳躍するための大きな駆動力にもなり得ます。特別能力群こそが創造性、イノベーション、パラダイムシフトといった、真の文化発展をもたらす基本要素の宝庫だということを申し述べて拙文を終えることにします。

特別能力群の方たちのご活躍を祈念申し上げます。

エピローグ
――天才たちの未来

解氏の日常は現在の研究室に移って以来、判で押したような日々です。変わったことと言えば、50代後半にさしかかって会議が増えたことぐらい。いついかなる場面でも礼儀正しく、感情を交えることなく淡々と会議に出席する解氏です。一方、仲間の研究者からは「解氏と研究の話をしていると、何を話しているのかついていけないことがあったけど、最近、話が飛びすぎる度合いが激しくなった気がする……」と言われることもあります。しかし本人は一向に意に介しません。あくまでも彼にとっては「自己の論理」が優先です。そんな解氏が笑顔を見せるのは、お気に入りの「アイドル」の話をするときです。情報収集は常に完璧、次回のコンサートを心待ちにしつつ「あと一つ、世界を驚かす発見をする予定です」と未来を淡々と語ってくれる解氏です。

創氏は相変わらず多忙で国内外を飛び回る生活をしています。つい先日は、新たな5つ目のベンチャーを後進の元院生とともに立ち上げたところ。「チームで動くと創造的な仕事がいくつもできる」ということに喜びを感じながら、一方で、研究者駆け出しのころ、ひたすら一人の世界にこもって研究に没頭してきた「孤高の自分」が、ふと懐かしく思いだされたりもします。しかし、それも一瞬のこと、10年後の未来図の実現に向けてひた走る創氏です。

40代が見えてきた折氏の日常は「一人で研究に没頭すること」が楽しく、一年中自分の研究室で生活していると言っても過言ではない生活をかわらず楽しんでいます。実は苦手な会議や後進の指導も、以前のようにストレスを感じることがなくなった、と言います。昨年には学会で優れた研究者に贈られる賞を受賞したことが折氏の大きな自信につながり、いずれノーベル賞級の受賞をする、という大きな夢と自負をもって研究室にこもる日々です。

創造性と人生

現代の当該分野をリードする創造的研究者に対する心理検査やインタビューを重ねる中で実感したことは、彼らの秀でた創造性の基盤には、現代の「障害」概念で言うならば「発達障害圏」に共通する特性があるのではないか、ということです。彼らの多くにおいて、子ども時代や家庭での親子関係は必ずしもハッピーではありませんでした。一方、現在では、一流の研究者として活躍し、それぞれの個性的なスタイルの人生に満足しています。そこから、われわれはとても大切なことを教えてもらいました。すなわち、客観的に見れば「普通ではない特性」ゆえに苦労した子ども時代であっても、そうした特性を守り育て、成長して優れた創造的研究者として幸福な人生を歩むことは可能である、という事実です。育ちの中に苦労があったからこそ、それが、創造性のエネルギー源になった可能性もあるのかもしれません。

そして、現在の幸福感、すなわちウェルビーイングのあり方は、それぞれに個性的だということです。

自由な発想は人の特権か

これは二〇二三年四月二〇日の日本経済新聞の一面特集「AI Impact」の見出しです。「創造性とは何か」という定義に戻りますが、この記事の中でノーベル化学賞受賞者であるドイツのベンジャミン・リスト教授の話として「研究とは非常に創造的なものだ。今のＡＩは完全に自律的に動くとは思えない」と紹介しています。将来の「創造性」はどのような形になっていくのでしょうか。人間の創造性もＡＩの創造性も同じ地平に立つ時代になるのでしょうか。

そして、発達障害圏を巡る動きはどうでしょうか。同じく日本経済新聞に「特異な才能の子、どう指導」というタイトルの特集記事がありました（二〇二二年一〇月四日）。文部科学省が「日本の才能教育の充実に向けた施策」の提言を受けて、中教審が「令和の日本型学校教育」において「個別最適な学び」を提唱したことが報告されています。米国では「ギフテッド教育」は当然のように行われていますが、日本でも、社会の関心が高まってきたと言えるでしょう。こうした才能教育の対象の一部に、発達障害圏の子どもたちが想定されていることは間違いありません。こうした社会の動きは発達障害圏の子どもや青年にとって、生きやすくなるものであることを願いたいものです。

人間の想像性と創造性とは何か、ＡＩにとって代わられるものなのか、といった新たな問題が提起される現代において、本書で紹介してきた「普通とは違う極めて個性的な人間の特性」は、創造的な発明や発見につながり、幸福を生み出す源流なのではないか、と筆者らは調査を通して実感してきました。そしてその源流を特に大学教育の中で、見い出し育てることこそ、彼らのウェルビーイングな人生を実現するものだと考えています。

謝　辞

本書の刊行は多くの皆様のご協力あってのものです。

まずは、本書で紹介したわれわれの調査において、多忙な研究生活の合間に惜しみなくご協力いただいた天野浩先生（名古屋大学特別教授）、宇治原徹先生（名古屋大学教授）はじめ研究仲間である理系研究者および理系大学院生の皆様に、深く感謝申し上げます。皆様のご協力がなければ、創造性研究も本書もありえませんでした。本当にありがとうございました。皆様のますますの創造性の発現とご活躍を、そしてウェルビーイングな人生を心よりお祈りしております。

また学会発表や論文投稿において、多くの皆様からのご指導を賜りました。特に、辻敬一郎先生（名古屋大学名誉教授）には、心理学研究の方法論をはじめさまざまな視点からご指導いただきました。小川俊樹先生（筑波大学名誉教授）には、いつものようにロールシャッハ法と投映法研究について多くのご指導を賜りました。記して深謝申し上げます。

また本書には、名古屋大学創造性研究会メンバーの他に、各分野の第一人者である専門家――仏教学の佐々木閑先生（花園大学特別教授）、学生相談の鈴木健一先生（名古屋大学教授）、精神医学の古橋忠晃先生（名古屋大学准教授）――に寄稿していただき、本書の中身を濃くしていただきました。財満鎮明先生（名城大学教授、名古屋大学名誉教授）には、理系研究者について興味深いお話を聴かせていただきました。先生方のご支援に深謝申し上げます。その他にも多くの皆様からのご支援ご鞭撻をいただきましたことを深謝申し上げます。

本書における調査は、ＪＳＰＳ（日本学術振興会）「投影（映）法とナラティヴ・アプローチによる創造性の基盤解明に向けた統合モデル構築」（基盤C、研究代表　松本真理子）研究助成による研究の一部です。この場を借りて御礼申し上げます。

そして、本書の企画段階から、貴重で斬新なご意見やご指導を賜りました遠見書房の山内俊介社長に深く感謝申し上げます。臨床心理学領域において、新たな視点の提起となる本に仕上がったのも、ひとえに山内社長のお陰です。山内社長のいつもながらの創造的でアクティブなご支援は本書の事例に重なるものでもありました。

最後に、本書のキーワードとなる「発達障害」「創造性」「ウェルビーイング」、これらの用語は定義の難しい曖昧さや幅のある概念です。これらの概念を本書で扱うことについてはわれわれも企画の段階から検討をかさねてきました。そして結論として、それでもなお読者皆様に「発達障害」と「創造性」と「ウェルビーイング」に関心をもっていただく機会にしたいという思いがありました。

本書を通して、特に大学関係者皆様が、発達障害圏学生の創造的能力を含めた潜在する可能性の育成を改めて考えてくださる機会になれば、筆者一同これ以上の喜びはありません。

そして、発達障害圏かもしれない、と秘かに悩んでいる若い皆様に対して少しでも本書が力になれたのならば、なお一層の喜びです。皆様のウェルビーイングな人生を祈ってやみません。

令和6年春　名古屋大学創造性研究会一同

West, T. G.（1991）*In the Mind's Eye: Creative Visual Thinkers, Gifted Dyslexics, and the Rise of Visual Technologies.* Buffalo; Prometheus.（久志本克己訳（1994）天才たちは学校が嫌いだった．講談社.）

WHO（World Health Organization）（1990）*ICD-10: International Statistical Classification of Diseases and Related Health Problems.*

Wing, L.（1981）Asperger syndrome: A clinical accounts'. *Psychological Medicine*, 11; 115-29.（門眞一郎訳（2000）アスペルガー症候群：臨床知見．自閉症と発達障害研究の進歩，4; 102-120.）

山岡明奈・湯川進太郎（2017）マインドワンダリングおよびアウエアネスと創造性の関連．社会心理学研究，32(3); 151-162.

山内星子・松本真理子・田附紘平・野村あすか・松浦渉・高橋昇（2023a）理系研究者の心理検査にみる創造性―クラスター分析を通して．日本心理臨床学会第42回大会大会発表論文集，249.

山内星子・杉岡正典・鈴木健一ほか（2023b）青年期の自閉症スペクトラム特性と心理的適応との関連：生活上の困難とソーシャルサポートを媒介変数として．発達心理学研究，34(1), 19-28.

矢野正晴・柴山盛生・孫媛・西澤正己・福田光宏（2002）創造性の概念と理論．National Institute of Infromatics, NII Technical Report, Jun.

吉村聡（2004）ロールシャッハ・テストにおける適応的退行と創造性．風間書房.

湯川秀樹（1966）創造的人間．筑摩叢書.

Zeng, L., Proctor, R. W., & Salvendy, G.（2011）Can traditional divergent thinking tests be trusted in measureing and predicting realworld crativity? *Creativity Research Jounal,* 23(1); 24-37.

野村あすか・松本真理子・田附紘平・松浦渉・山内星子・髙橋昇（2023）文章完成法と生活史インタビューからみた理系研究者の創造性―心理・社会的安定性との関連から．日本心理臨床学会第 42 回大会発表論文集，252.
小川俊樹・松本真理子（2005）子どものロールシャッハ法．金子書房.
大山泰宏（2012）何が人を幸福にし何が人を不幸にするのか―国際比較調査の自由記述分析．心理学評論，55; 90-106.
Psychological Corporation（2008）*WAIS-IV Technical and Interpretive Manual.* Pearson.
Rorschach, H.（1921）*Psychodiagnostik: Methodik und Ergebnisse eines wahrnehmung diagnostischen experiments [Deutenlassen von Zufallsformen], 9 Auflage.* Bern: Hans Huber.（鈴木睦夫訳（1998）新・完訳　精神診断学―付　形態解釈実験の活用．金子書房.）
Russ, S. W.（2001）Emotion in children's play and creative problem solvingAuthors. *Creativity Research Journal,* 13(2); 211-219.
Schachtel, E. G.(1966)*Experiential Foundations of Rorschach's Test.* New York; Basic Books.（空井健三・上芝功博訳（1975）ロールシャッハ・テストの体験的基礎．みすず書房.）
Stora, R.（1975）*Le Test Du Dessin D'arbre.* Paris; Jean-Pierre Delarge.（阿部惠一郎訳（2011）バウムテスト研究―いかにして統計的解釈にいたるか．みすず書房.）
角野善司（1994）人生に対する満足尺度（the Satisfaction With Life Scale [SWLS]）日本版作成の試み．日本教育心理学会総会発表論文集 第 36 回総会発表論文集，192.
高橋誠（2022）日本創造学会員の考える「創造」の定義～ 1983 年と 2022 年の比較．日本創造学会第 44 回大会論文集，163-169.
高橋雅春・高橋依子・西尾博行（2007）ロールシャッハ・テスト解釈法．金剛出版.
辻悟・浜中薫香（1958）児童の反応．In：本明寛・外林大作編：心理診断法双書―ロールシャッハ・テスト 1．中山書店，pp.271-348.)
Umagami, K., Remington, A., Lloyd-Evans, B., Davies, J., & Crane, L.（2022）Loneliness in autistic adults: A systematic review. *Autism,* 26(8); 2117-2135.
Vygotsky, L. S.（1930；広瀬信雄訳，2002）子どもの想像力と創造．新読書社.
若林明雄・東條吉邦・Simon Baron-Cohen ほか（2004）自閉症スペクトラム指数（AQ）日本語版の標準化　高機能臨床群と健常成人による検討：高機能臨床群と健常成人による検討．心理学研究，75(1), 78-84.
Weir K.（2022）The science behind creativity. *Monitor on Psychology,* APRIL/MAY; 41-49.

2014/12/17/1354049_1_1_1.pdf
文部科学省（2006）学校教育法等の一部を改正する法律の公布について（改正学校教育法）．https://www.mext.go.jp/a_menu/shotou/tokubetu/material/010.htm
文部科学省初等中等教育局特別支援教育課（2022）通常の学級に在籍する特別な教育的支援を必要とする児童生徒に関する調査結果について．https://www.mext.go.jp/b_menu/houdou/2022/1421569_00005.htm
文部科学省（2023）特別支援教育をめぐる制度改正．https://www.mext.go.jp/a_menu/shotou/tokubetu/001.htm
Mumford, M. D.(2003) Where have we been, where are we going? Taking stock in creativity research. *Creativity Research Journal*, 15(2-3); 107-120.
名古屋ロールシャッハ研究会（2018）ロールシャッハ法解説―名古屋大学式技法．金子書房．
内閣府(2011)障害者基本法の改正について(平成23年8月)．https://www8.cao.go.jp/shougai/suishin/kihonhou/kaisei2.html
内閣府（2013）障害を理由とする差別の解消の推進．https://www8.cao.go.jp/shougai/suishin/sabekai.html
内閣府 政策統括官（経済社会システム担当）（2022）満足度・生活の質に関する調査報告書～我が国のWell-beingの動向～2022.
日本版WAIS-Ⅳ刊行委員会（2018）日本版WAIS-Ⅳ-理論・解釈マニュアル．日本文化科学社．
日本学生支援機構（JASSO）（2019）合理的配慮ハンドブック（冊子）．https://www.jasso.go.jp/gakusei/tokubetsu_shien/shogai_infomation/handbook/index.html
日本経済新聞（2023）AI Impact（2023年4月20日紙面特集記事）．日本経済新聞社．
日本経済新聞（2023）特異な才能の子、どう指導（2023年10月4日紙面特集記事）．日本経済新聞社．
日本精神神経学会 精神科病名検討連絡会（2014）DSM-5　病名・用語翻訳ガイドライン（初版）．精神神経学雑誌，116(6); 429-457.
日本創造学会（2023）ホームページ「創造性の研究領域」．http://www.japancreativity.jp/research.html
Ninomiya. Y., Matsumoto, M., Nomura, A., et al.（2021）A Cross-Cultural Study of Happiness in Japanese, Finnish, and Mongolian Children: Analysis of the Sentence Completion Test. *Child Indicators Research,* 14; 871-896.
西尾博行・高橋依子・高橋雅春（2017）ロールシャッハ・テスト統計集―数値の比較検討と解釈に役立つ変数データ．金剛出版．

ージング的な視点からの一考察．四天王寺大学紀要，53; 123-135.
伊藤隆一（2012）SCT ノート―SCT によるパーソナリティ把握技法．In：伊藤隆一編著：SCT（精研式 文章完成法テスト）活用ガイド―産業・心理臨床・福祉・教育の包括的手引．金子書房，pp.3-24.
Koch, C.（1952）*The Tree Test: The tree-drawing test as as aid in psychodiagnosis.* Hans Huber.（林勝造・国吉政一・一谷彊訳（1970）バウムテスト―樹木画による人格診断法．日本文化科学社．）
国立情報学研究所：Cinii: Citation Information by NII.（閲覧日：2023 年 10 月 3 日）
小西輝夫（1981）精神医学からみた日本の高僧．牧野出版．
Kurita, H., Koyama, T., & Osada, H.（2005）Autism-Spectrum Quotient-Japanese version and its short forms for screening normally intelligent persons with pervasive developmental disorders. *Psychiatry and Clinical Neurosciences*, 59(4), 490-496.
Lichtenberger, E. O., & Kau F M an, A. S.（2012）*Essentials of WAIS-IV Assessment (2nd ed.).* Hoboken, NJ; Wiley.（上野一彦訳（2022）エッセンシャルズ WAIS- IVによる心理アセスメント．日本文化科学社．）
Matheny, K. B., Curlette, W. L., Aysan, F., et al.（2002）Coping resources, perceived stress, and life satisfaction among Turkish and American university students. *International Journal of Stress Management,* 9; 81-97.
松本真理子・野村あすか編（2023）外国にルーツをもつ子どもたちの学校生活とウェルビーイング―児童生徒・教職員・家族を支える心理学．遠見書房．
松沢哲郎（2011）想像する力―チンパンジーが教えてくれた人間の心．岩波書店．
三浦愛美（2019）ビル・ゲイツ、スティーブ・ジョブズもそうだった―発達障害が才能になる魔法の教育．*President,* 57(22); 90-95.
宮城音弥（1967）天才．岩波新書．
文部科学省（2015）初等中等教育における創造性の涵養と知的財産の意義の理解に向けて―知的財産に関わる資質・能力の育成．知的財産戦略本部第 2 回検証・評価・企画委員会ヒアリング説明資料．
文部科学省（2016）特集：ノーベル賞受賞を生み出した背景～これからも我が国からノーベル賞受賞者を輩出するために．平成 28 年度科学技術白書，pp.1-26.
文部科学省（2005）発達障害者支援法の施行について（発達障害者支援法）．https://www.mext.go.jp/a_menu/shotou/tokubetu/main/002/002.htm
文部科学省（2006）教育基本法（平成 18 年法律第 120 号）について（PDF）．https://www.mext.go.jp/b_menu/kihon/about/__icsFiles/afieldfile/

石村邦夫訳（2016）クリエイティビティ―フロー体験と創造性の心理学. 世界思想社.）

Csikszentmihalyi, M.（2014）*The Systems Model of Creativity.* Springer, USA.

Diener, E., Emmons, R., Larsen, J., et al.（1985）The Satisfaction with Life Scale. *Journal of Personality Assessment*, 49(1); 71–75.

Dietrich, A.(2004)The cognitive neuroscience of creativity. *Psychol. Rev.*, 69; 1011-1026.

Feldman, R. J.(1994)Development of creativity. In: Sternberg, R. J. (Eds): *Handbook of Creativity.* pp.169-186.

Furuhashi, T. & Bacqué, M-F.（2017）«Hikikomori» ou les «disparus-vivants» qui ne voulaient pas mourir. *Études sur la mort,* 150; 113-124.

伏見康治（1987）日本学術会議における創造性研究活動．In：日本創造性学会編：創造性研究５日本の科学者と創造性．共立出版，pp.61-72.

Gacono, C. B., et al.（1997）Vitamin C or Pure C: The Rorschach of Linus Pauling. In: Meloy, J. R. et. al. (Ed): *Contemporary Rorschach Interpretation.* Routledge.

Gardner, H.（1993）*Creating Minds: An Anatomy to Creativity Seen through the Lives of Freud, Einstein, Picasso, Stravinsky, Eliot, Graham and Gandhi.* New York: Basic Books.

Glaveanu,V.P.（2013）Rewriting the language of creativity: The five A's framework. *Review of General Psychology,* 17(1); 69-81.

Guilford, J. P.（1950）Creativity. *American Psychologist*, 5; 444-454.

Helliwell, J. F., Huang, H., Wang, S., et al.(2020)"World Happiness Report 2020" Sustainable Development Solutions Network. Retrieved from https://worldhappiness.report/ed/2020/social-environments-for-world-happiness/（閲覧日：2023 年 10 月 3 日）

樋口耕一（2020）社会調査のための計量テキスト分析：内容分析の継承と発展を目指して，第２版．ナカニシヤ出版.

Hinz, A., Conrad, I., Schroeter, M. L., et al.（2018）Psychometric properties of the Satisfaction with Life Scale (SWLS), derived from a large German community sample. *Quality of Life Research,* 27(6); 1661-1670.

広中平祐（1981）数学者の育成について思うこと．In：学術月報編集委員会編：研究と独創性．日本学術振興会，pp.286-295.

池志保・山本斉（2015）バウムテストに見られる創造性の特徴―M-GTA による理論生成の試み．福岡県立大学人間社会学部紀要.

今井真理（2012）非侵襲脳機能計測方法からみた創造性について―脳機能イメ

文　　献

The American Psychiatric Association（1987）*Diagnostic and Statistical Manual of Mental Disorders, 3rd ed., Revised (DSM-III-R).*（髙橋三郎訳（1988）DSM- Ⅲ -R 精神障害の診断・統計マニュアル．医学書院．）

American Psychiatric Association（2000）*Diagnostic and Statistical Manual of Mental Disorders, Fourth Edition, Text Revision (DSM-IV-TR).*（髙橋三郎・大野裕・染矢俊幸訳（2004）DSM- Ⅳ -TR：精神疾患の診断・統計マニュアル，新訂版．医学書院．）

American Psychiatric Association（2013）*Diagnostic and Statistical Manual of Mental Disorders, 5th Edition.*（日本精神神経学会監修，髙橋三郎・大野裕監訳（2014）DSM-5 精神疾患の診断・統計マニュアル．医学書院．）

Asperger, H.（1944）Die autistischen Psychopathen in Kindelsalter. Archiv fur Psychiatrie und Nevvenkraukheinen, 117; 76-136. (Trans. Frith, U. In: Frith, U. (ed.)（1991）*Autism and Asperger Syndrome.* Cambridge: Cambridge University Press, pp.37-92.)（富田真紀訳（1996）アスペルガー「子どもの自閉的精神病質」．In：自閉症とアスペルガー症候群．東京書籍．）

馬場禮子（1979）心の断面図―芸術家の深層意識．青土社．

Baron-Cohen, S., Leslie, A.M., & Frith, U.（1985）Does the autistic child have a "theory of mind"? *Cognition,* 21(1); 37-46.

Baron-Cohen, S., Wheelwright, S., Skinner, R., et al.（2001）The Autism-Spectrum Quotient (AQ): Evidence from Asperger syndrome/high-functioning autism, males and females, scientists and mathematicians. *Journal of Autism and Developmental Disorders,* 31; 5-17.

Batey, M.（2012）The measurement of creativity: From definitional consensus to the introduction of a new heuristic framework. *Creativity Research Journal,* 24(1); 55-65.

Beaty, R. E., Kenett, Y. N., Christensen, A. P., Rosenberg, M. D., Benedek, M., & Silvia, P. J.(2018) Robust prediction of individual creative ability from brain functional connectivity. *Proceedings of the National Academy of Sciences,* 115; 1087-1092.

Cha, K.（2003）Subjective Well-Being Among College Students. *Social Indicators Research,* 62; 455-477.

Csikszentmihalyi, M.（1996）*Creativity: Flow and the Psychology of Discover and Invention.* Harper Collins.（浅川希洋志監訳，須藤祐二・

執筆者一覧（執筆順）
松本真理子（まつもと・まりこ：名古屋大学名誉教授）　プロローグ，第 1 章，第 2 章，第 3 章，第 4 章，第 10 章，第 11 章，第 12 章，エピローグ
山内　星子（やまうち・ほしこ：中部大学人文学部心理学科 准教授）　第 5 章，第 13 章，コラム①
田附　紘平（たづけ・こうへい：名古屋大学大学院教育発達科学研究科 准教授）　第 6 章
松浦　　涉（まつうら・わたる：愛知医科大学病院 こころのケアセンター）　第 7 章
野村あすか（のむら・あすか：名古屋大学心の発達支援研究実践センター 准教授）　第 8 章，コラム②
髙橋　　昇（たかはし・のぼる：愛知淑徳大学心理学部心理学科 教授）　第 9 章
古橋　忠晃（ふるはし・ただあき：名古屋大学総合保健体育科学センター　准教授）　コラム③
鈴木　健一（すずき・けんいち：名古屋大学学生相談センター 教授）　コラム④
佐々木　閑（ささき・しずか：花園大学 特別教授）　コラム⑤

名古屋大学創造性研究会（代表：松本真理子）
本研究会は名古屋大学内外の臨床心理士（公認心理師）兼大学人からなる集団です。主に創造性育成と発達障害圏学生のウェルビーイング向上について考える研究会です。大学構内の片隅で，細々とながら尽きぬ議論をしています。東海大学機構（名古屋大学）が公的に関与しているものではないことをお断りしておきます。

代表＝松本真理子：静岡県生まれ，名古屋大学名誉教授，博士（心理学），公認心理師・臨床心理士。主な著書に「子どもにとって大切なことは何か―フィンランドの学校環境と心の健康」（編著，明石書店，2013），「児童・青年期に活きるロールシャッハ法」（編著，金子書房，2013），「心の発達支援シリーズ全６巻」（監修，明石書店，2016），「日本とフィンランドにおける子どものウェルビーイングへの多面的アプローチ―子どもの幸福を考える」（編著，明石書店，2017），「公認心理師基礎用語集　改訂第３版」（編著，遠見書房，2022），「外国にルーツをもつ子どもたちの学校生活とウェルビーイング―児童生徒・教職員・家族を支える心理学」（編著，遠見書房，2023）ほか多数。

天才《てんさい》の臨床心理学研究《りんしょうしんりがくけんきゅう》

発達障害の青年と創造性を伸ばすための大学教育

2024年5月20日　第1刷

編　　者　名古屋《なごや》大学《だいがく》創造性《そうぞうせい》研究会《けんきゅうかい》（代表《だいひょう》：松本《まつもと》真理子《まりこ》）
発 行 人　山内俊介
発 行 所　遠見書房

〒181-0001 東京都三鷹市井の頭 2-28-16
TEL 0422-26-6711　FAX 050-3488-3894
tomi@tomishobo.com　http://tomishobo.com
遠見書房の書店　https://tomishobo.stores.jp

印刷・製本　モリモト印刷

ISBN978-4-86616-193-8　C3011